第2のバフェットか、ソロスになろう!!

What are Warren Buffett's and George Soros' investing styles?

成長株で10年で3倍

暴落で10年で10倍

浅井隆

第二海援隊

プロローグ

あなたの資産を一〇年で一〇倍にする戦略

ウォーレン・バフェットをご存じだろうか。あのネブラスカ州オマハ（アメリカ中西部）というとんでもない片田舎から世界中の成長株を捜し出し、なんと世界トップレベルの利益と投資クラブを作り上げた天才だ。

コーラ好きのこの小太りな老紳士は、誰もが知っているようなオーソドックスな手法と長期保有という、当たり前のやり方だけで、目を見張るような成績をマジックのように収め続けてきた。

正反対の投資手法を駆使するのが、ジョージ・ソロスだ。東欧ハンガリーから裸一貫でロンドンへ出た男は、やがて世界一のヘッジファンド「クォンタムファンド」を作り、年率平均利回り三五％という驚異のパフォーマンスを叩き出した。そして二十数年で元本を二〇〇〇倍にするという、すさまじい結果を残した伝説中の人物だ。

特に、一九九二年にイギリスの中央銀行であるイングランド銀行を相手に英ポンドを売り崩し、莫大な利益を上げたことは有名で、金融界の伝説となっている。ソロスは、売りの名人なのだ。

しかし、ここに誰も知らない投資の天才が一人いる。彼を〝ミスターK〟としよう。その〝ミスターK〟の手法と情報を元に、あなたの資産を一〇年で一〇倍にしようという、恐るべき計画を私は立てた。四つの戦略を使いながら、確実に資産を殖やすのだ。

本書の読者はベテラン投資家かもしれないが、ここでその常識を一度すべて捨て去っていただきたい。そうしていただけるのなら、「本当の投資の世界」にあなたをご招待しよう。

二〇一八年一月吉日

浅井　隆

プロローグ

あなたの資産を一〇年で一〇倍にする戦略　2

第一章　バフェットはどうやって儲けてきたか

株は、怖ろしくて買えない時にこそ買え　10
株式投資で八兆円の資産を築いた男　11
自分の頭で理解できないものには投資しない　15
生涯〝母性〟を求めて　19
六歳で初商売、一〇歳で「複利」の効果に気付き、高校で資産一〇〇〇万円　21
「バリュー投資の父」ベンジャミン・グレアムとの出会い　26
グレアムのバリュー株投資法 ―― 二つのガイドライン　31

分散のグレアム、集中のバフェット　34
終生の同志チャーリー・マンガー　38
転機となったシーズ・キャンディーズ買収　41
バフェットに何を学ぶか　43

第二章　ソロスはどうやって巨万の富を築いたか

楽観のバフェット、悲観のソロス　50
過酷な幼少期　55
哲学に魅せられた学生時代　57
投資の世界で研鑽を重ねた青年期　59
クォンタムファンドの設立　61
ブラック・ウェンズデー（暗黒の水曜日）　65
アジア通貨危機はユダヤの陰謀？　72
日本円の雪崩（暴落）を警戒　79

中国経済を悲観視　85
国家から敵視されるソロス　90

第三章　「カギ足」によるトレンド分析

凡人が激動の時代を生き抜くためには　96
「カギ足」があぶりだす経済トレンド　101
相場変動のサイクル　103
日経平均は長期大上昇!?　105
■上昇サイクル①　108
■下落サイクル①　109
■上昇サイクル②　112
米国株の動向と見通し　119
為替も長期トレンドが転換　124
■円安サイクル①　125

■円高サイクル① 128
ドル／円は今後どうなるのか⁉ 129
国債市場は完全な「仕手相場」 135
経済トレンドをよく押さえて相場に挑め！ 144

第四章 様々な分析手法とカギ足――基礎編

「明日、為替が一円下がる」――この情報にいくら出すか 148
未来はわからなくても、過去や今はわかる 151
「一目均衡表」や「ゴールデンクロス」であなたも大金持ちに⁉ 156
テクニカル分析とファンダメンタル分析 160
テクニカル分析とシステム運用 163
六勝四敗と一勝九敗、相場で勝つのは？ 165
神になれなかったクオンツたち 168
心理学を相場に応用 169

特殊な分析方法「カギ足」 174
「カギ足」は今の相場で通用するのか 176

第五章 様々な分析手法とカギ足 ―― 応用・実践編

ポイントは短期戦略と長期戦略の活用 184
短期戦略 ―― ソロス的手法。トレンドの予測が鍵 185
二人の伝説的相場師とオプション取引との出会い 189
短期間で大きな利益が得られるオプション取引 194
株の暴落と連動して日本国債も暴落？ 201
長期戦略 ―― ウォーレン・バフェット的発想 204
カギ足分析を活用すれば、株式投資で儲けることは難しくない 208

エピローグ

優れた軍師を手に入れろ 212

第一章　バフェットはどうやって儲けてきたか

株は、怖ろしくて買えない時にこそ買え

株価の上昇が止まらない。この原稿を書いている二〇一八年一月二三日時点での話だが、日経平均株価は二万四一二四円一五銭で引け、実に約二六年振りに二万四〇〇〇円台を回復した。アメリカ株はさらにすごい。一月二二日の終値は二万六二一四・六〇ドル。高値更新を続けており、リーマン・ショック後の最安値二〇〇九年三月九日の六五四七・〇五ドルからすると、一〇年足らずで四倍以上になっているのである。

本書の読者は株式投資にご関心のある方であろうから、この流れに乗って資産を殖やされた方も少なくないのではなかろうか。ただし、株式投資で資産を殖やす、さらには資産を築くためには、ただ流れに乗るだけではダメである。そんな気分にまかせた投資法では、上昇相場では多少儲けることができても下落相場で損をするから、結局大した儲けにはならない。

大体、一般投資家は相場が恐怖感で覆われている大底で買うことはできない。怖くて、とても手を出せないというのが普通だ。そして、株が大分上がってきて世の中で株式投資がもてはやされる頃になって手を出す。もうその頃は、ピークが近い。そして、ピークを打った株が下がり始めると、今度はかつての高値が頭に残っていて、根拠のないまま「あそこまで戻したら売ろう」などと考える。しかし、そんな根拠なき希望もむなしく株価は下がり続け、「もう、しょうがない」と損切りを決意する。こんな一般投資家は、決して少なくない。

株式投資で八兆円の資産を築いた男

しかし、世界には株式投資だけで何十億円どころか兆円単位の資産を築いた人もいる。その代表が、ウォーレン・バフェットだ。二〇一七年フォーブス世界長者番付で、世界第二位の七五六億ドルの資産を持つ。一ドル＝一一〇円で換算して、実に八兆三一六〇億円である。これを、株式投資だけで築いたのだ。

実は私も信奉し実行している「誰もが怖ろしくて買えない時にこそ買え」という格言は、バフェットの投資哲学の一つでもある。バフェットはこう言っている。「バークシャー（注：バフェットが会長兼CEOを務める投資会社バークシャー・ハサウェイのこと）が買いを入れるのは、他の投資家がレミングの如く一斉に売りに傾く時です」（注：レミングはネズミの一種で集団自殺するという話〈実はこの話は誤解〉で有名）「大体の人は、他の人がやっているからという理由で株式投資に興味を持つようです。でも本当は、他の人がやっていないときに興味を持つのがベストです。すでに人気化した株を買っても、高い投資利回りを残すことはできません」（『ウォーレン・バフェット　自分を信じるものが勝つ！』ジャネット・ロウ著　ダイヤモンド社刊）。

耳が痛い投資家の方も、少なくないのではなかろうか。

さて、バフェットは現在八七歳になるが、今もその力は衰えていない。二〇一七年一二月一二日、米週刊投資情報紙『バロンズ』は、「二〇一八年の推奨一〇銘柄はこれだ」という特集を組んだ。その一〇銘柄の一つに、バフェット率

齢87歳にして世界最大の投資持株会社バークシャー・ハサウェイの筆頭株主、同社CEO兼会長を務める「オマハの賢人」。
（写真提供：AFP＝時事）

いるバークシャー・ハサウェイはみごとに入っている。同紙の評価の一部を引用しよう。

■バークシャー・ハサウェイ

ウォーレン・バフェット氏が率いる投資会社。優良銘柄の中でも最高クラスのディフェンシブ株である。バランスシート上のキャッシュは一〇〇〇億ドルを超え、多様な収益源から毎年一五〇億ドルの税引き後利益を上げる。法人税率の引き下げにより、同社が保有する一七〇億ドルの株式ポートフォリオの利益に関連する繰り延べ税金負債の減少につながる。同社は米国事業に重点を置いており、好調な経済から恩恵を受けている。ニューバーガー・バーマンのリチャード・ナッケンソン氏は、「経済環境が一段と良好になり、来年の利益は上振れる可能性がある」と述べる。バークシャーの株価純資産倍率（ＰＢＲ）は約一・五倍であり、過去数年間で最も割高な水準にある。しかし、減税により繰り延べ税金負債が減少すれば、純資産額は九％増加し得る。
（バロンズ二〇一七年一二月一二日付より）

自分の頭で理解できないものには投資しない

八七歳にして『バロンズ』にこう評価されるバフェットは、まさに投資の超人だが、実は同じ『バロンズ』の表紙を飾り、しかし「ウォーレン、どうしたんだ？」と揶揄される見出しをつけられたことがある。本文では、バークシャー・ハサウェイがひどく「よろめいている」と書かれた。もう二〇年近く前の一九九九年の暮れのことだ。

当時、経済評論家たちはバフェットを過去の人、昔日の象徴だとして、からかいの種にしていた。週刊『タイム』はアマゾンのジェフ・ベゾスを一九九九年の時の人に選び、エリザベス女王、チャールズ・リンドバーグ、マーティン・ルーサー・キングになぞらえた。インターネットが世界を変える！――投資家は雪崩を打ってインターネット関連投資に走っていた。

しかし、バフェットは買わなかった。迷わなかった。一貫して変わらぬ信念があった。「自分の頭では理解できないようなテクノロジーが投資の決断に関わってくるような企業には手を出さない。半導体や集積回路について私は、名前も発音できないような昆虫の交尾についてとおなじくらい、なにも知らない」「人がどうふるまうかを大きく左右するのは、内なるスコアカードがあるか、それとも外のスコアカードがあるかということなんだ。内なるスコアカードで納得がいけば、それが拠り所になる」。実はバフェットは、マイクロソフト創業者のビル・ゲイツと家族同様と言ってもよいくらい仲が良い。しかし、それでも当時こんなことさえ言っていた。「マイクロソフトやインテルに関しては、一〇年後の世界がどんなふうか、私には読めない」（以上『スノーボール　ウォーレン・バフェット伝〈上〉』アリス・シュローダー著　日本経済新聞出版社刊　以下『スノーボール〈上〉』と表記）。

ＩＴ関連銘柄が多いナスダック総合指数は、一九九〇年代に入って急騰を続けた。一九九五年に一〇〇〇ポイントを突破。九八年には二〇〇〇ポイントを、九九年一一月には三〇〇〇ポイントを、さらに九九年末には四〇〇〇ポイントを突破した。二〇〇〇年三月一〇日、ナスダックが五〇四八を付けたその日、『ウォールストリート・ジャーナル』は、「頑固で気難しいバフェット以外はみんなハイテク株で儲けているのに、バークシャー・ハザウェイ株は最高値から四八パーセントも下落している」（『スノーボール　ウォーレン・バフェット伝〈下〉』アリス・シュローダー著　日本経済新聞出版社刊　以下『スノーボール〈下〉』と表記）と書いた。

しかし、まさにその二〇〇〇年三月一〇日がピークだった。ITバブル、アメリカでいうドットコム・バブルはその日弾けたのだ。ナスダックは下げ続けた。どこまで下げたのか？——わずか二年半後の二〇〇二年一〇月九日、底値である一一一四ポイントをつけた。ピークから実に七七・九％の下落率だった。『タイム』誌が時の人に選んだアマゾンのジェフ・ベゾスは逆に冷静だった。「ウォーレンのいうことには耳を傾けないといけないんだ」「かなり手厳しいことをいうが、なにしろ天才だし、これまでずっということが当たってきた」（同前）――「英雄、英雄を知る」であろうか。

世の人は、ただ流れに乗ってものを言い行動するが、本当の人物は「内なるスコアカードを拠り所」として行動し、ブレない。私はこのバフェットの言葉から、二人の日本人の短歌を思い出した。

一人は私が起こしたこの出版社「第二海援隊」の名前の由来ともなった人物、坂本龍馬の歌である。「世の人は我を何とも言は（わ）ば言へ（え）我なす事は我のみぞ知る」。もう一人も幕末維新の志士・吉田松陰。私が惹かれる歴史上の人物の一人だ。その松陰の歌――「世の人はよしあしごともいは（わ）ばいへ（え）賤（しず）が誠は神ぞ知るらん」。古今東西、どの道であろうとも、やはり何事かをなす人物は、内なる拠り所があるのだ。

生涯〝母性〟を求めて

さて、この希代の投資家、ウォーレン・バフェットはどのようにして作られて行ったのであろうか？　ウォーレン・バフェットは、一九三〇年八月三〇日にネブラスカ州オマハに生まれた。父、ハワード・バフェットは銀行員から証券会社の共同経営者を経て、共和党の下院議員となった人物だ。

こう書くと、ウォーレン・バフェットは世界一の株式長者になるべく恵まれた家庭に育ったイメージを持たれるかもしれないが、必ずしもそうではない。父・ハワードは銀行員時代、あの大恐慌に見舞われ、務めていた銀行は倒産の憂き目に遭う。いわば、それでやむなく起業したのだ。また、母のリーラはかなり精神的に不安定な人物で、ウォーレンと姉のドリスは何度も何度も怒りを爆発させる母に罵倒された。今で言えば、「虐待」に当たるレベルだったようだ。

幼い頃のこの心の傷は、ウォーレン・バフェットの人間形成にも当然影響したことは間違いない。ウォーレンは生涯母・リーラを避け続け、リーラの死に当たってはこんなことを語っている。「母が死んだ時にはずいぶん泣いた。悲しいとか、いなくなって淋しいとかいうんじゃない。機会を逃してしまったからだ。母にはいいところがあった。でも悪い面のせいで、私は母とちゃんとした人間関係を結べなかった。そのことを父と話し合ったこともなかった。そういった可能性を失ってしまったことを思うと心底口惜しかった」（同前）。母の死に当たっての言葉としては、異様と言うほかない。

こういう家庭で育ったウォーレン・バフェットは、人間的にはかなりいびつな部分を持った人物となった。そのエピソードには事欠かない。しかし、バフェットの資産、バフェットの人生を見れば、それが必ずしも決定的に災いするとは限らないということだ。

父・ハワードは、信念と行動力のある人物であった。ウォーレンは父を心から尊敬していた。その一方で、生涯母性を求め続けた。妻となるスーザンは、まさにそれに適う聖母マリアのような人物であった。スーザンは、ウォーレンは愛されたという思いを味わったことがなく、自分は愛されない人間だと思っているのだと察した。ウォーレンは言う。「スージー（愛称）のおかげで、小さいじょうろを持って花をちゃんと育てようとしている人がそばにいてくれる、という気がした」「スージーは文字どおり私の人生を救ってくれた。（中略）親から受けるのとおなじ無償の愛で」（『スノーボール〈上〉』）。バフェットはスーザンに完全に甘えることができたお陰で、完全にビジネスに没頭できた。何かに没頭する時のバフェットは尋常ではなく、それがあったからこそ今日のウォーレン・バフェットがあるのだが、それを可能にしたのは妻・スージーの〝母性〟であった。

六歳で初商売、一〇歳で「複利」の効果に気付き、高校で資産一〇〇〇万円

さて、ウォーレン・バフェットは、小さい頃から子供とはとても思えないほどの〝やり手〟であった。ウォーレンの祖父、アーネスト・バフェットは食料

品店を営んでいたが、ウォーレンは祖父の店からチューインガムやコーラを「仕入れて」近所に売って回った。六歳の時の話だ。

この時から、ウォーレンは原則を曲げなかった。ウォーレンがジューシーフルーツ、スペアミント、ダブルミントなど五種類のガムを売り歩いた時のエピソードだ。ある女性が「ジューシーフルーツ一枚ちょうだい」と言ったのに対し、こう答えたのだ。「ダメです。五枚売りのパックでしか売れません」。その理由は合理的だ。一枚だけ売ったら、半端な四枚を誰かに売らなければならなくなる。そうなると、人気のない種類のガムだけが残ってしまうリスクがある。パック売りならそのリスクを避けることができる。単なる遊びではない。恐るべき子供である。

コーラを売った時は、祖父の店から六本パックのコカ・コーラを二五セントで仕入れ、それを一本五セントでバラ売りした。投資利回りは二〇％である。家族でアイオワ州オコポジ湖に旅行に行った時も、湖岸で日光浴をしている人に売り歩いた。

一〇歳の時、ウォーレンは図書館である本に出合う。『一〇〇〇ドル儲ける一〇〇〇の方法』。読み始めて、ウォーレンはたちまちこの本のとりこになった。中でも有料体重計で儲ける話で、あることに気付いたのだ。有料体重計で儲ける話とは、まず体重計を一台買う。（これは戦前の話であるから）みんなお金を払って体重を量るであろう。それで儲けたらもう一台買う。そうすれば、二倍儲かるようになる。じきに体重計は二〇台になる。「複利で増えるようなところが最高だと思った」。ウォーレンは一〇歳にして「複利の効果」に気付いたのだ。仮に一〇〇〇ドルから始めて、年利一〇%だとすると、五年で一六〇〇ドル以上になり、一〇年では二六〇〇ドル近くになり、二五年では一万八〇〇〇ドルを超える。ウォーレンは、「三五歳までに百万長者になる」と宣言した。

一年後、ウォーレンの溜め込んだお金は一二〇ドルに達した。ウォーレンは姉のドリスも誘い、シティーズ・サービス社の株を買うことにした。株価は三八ドル二五セントで、三株で一一四ドル七五セントだった。小学生が実際に自分の判断で株式投資とは驚くが、さすがのウォーレンもまだ一一歳。株のことがよくわかっていたわけではなかった。ただ、父・ハワードが顧客に長年売ってきた人気のある株だということを知っていただけだった。

ところがその後、市場は低迷。シティーズ・サービス社の株は二七ドルまで下落してしまった。学校へ行く時、ドリスは毎日、株が下がったと文句を言った。ウォーレンは責任を痛感した。株価が四〇ドルまで回復した時、ウォーレンは利益確定に走った。姉弟の利益はそれぞれ五ドル。ところが、である。その後株価は急騰し、一株二〇二ドルにまでなった。ウォーレンは悔やむ。もっと辛抱していれば、四九二ドルの儲けを得られたはずだと。そしてウォーレンは心に誓った。「二度と方針は変えない」「小さな利益で妥協しない」。ウォーレン・バフェットは一一歳にして、投資の基本である〝忍耐〟を学んだのである。

父・ハワードが下院議員となり、一家がワシントンに移ってからもウォーレンはビジネスに余念がなかった。一二歳で父のオマハにいる友人の依頼を受けて、ワシントンにある倉庫の食品の売却を担った。一三歳で新聞配達を始め、一四歳の時には所得税申告書を提出する。その時、腕時計と自転車を経費として差し引いている。一五歳の時には二〇〇〇ドル以上貯めており、そのお金でネブラスカ州に四〇エーカーの農地を一二〇〇ドルで買った。地主になったのである。その農場で小作人が働き、上がった利益を折半する取り決めをした。

一七歳の頃、ウォーレンは有料体重計の話を実践する。モノは体重計ではなく、ピンボールであった。ウォーレンは古いピンボールを二五ドルで買い、それを理髪店に持ち込んだ。理髪店でお客さんが待っている間、このピンボールで遊んでもらう。売上は理髪店と折半。一週間で、儲けはウォーレンの分だけで二五ドルになった。これで、もう一台買える。ほどなく、街中の理髪店にピンボールマシンは置かれるようになった。ウォーレンは高校生にして資本の驚異的働き、複利の効果を身をもって体感したのである。ウォーレンが持つ現金は、五〇〇〇ドルにもなっていた。当時は年収三〇〇〇ドルならかなりの高給と言われていた時代だから、五〇〇〇ドルを現在価値に換算すれば日本円だと一〇〇〇万円くらいになるだろうか。

「バリュー投資の父」ベンジャミン・グレアムとの出会い

高校を卒業したバフェットは、父の勧めるペンシルバニア大学ウォートン校に進む。世界的に、もっとも高い評価を受けるビジネススクールの一つである。バフェットの成績は優秀だったが、退屈していた。合わなかったのだ。ウォートン校での講義はビジネスの理論面を重視していたのに対し、バフェットの興味があるのは実際的な面、つまり、いかにお金を稼ぐかであったからだ。

バフェットはウォートンには二年間しか在籍せず、地元ネブラスカ州にあるネブラスカ大学リンカーン校に転校する。地元に帰ったバフェットは息を吹き返し、新聞配達の「管理職」をやり、大手百貨店J・C・ペニーで紳士服を売り、ゴルフボール販売ビジネスを展開し、株式投資を行なった。

こうしてお金を稼ぐ様々な経験を積んで、いざ大学卒業、社会人へという段になって、バフェットの心に勉強したい、ハーバード大学ビジネススクール

（経営大学院）に進みたいという野心がむくむくと頭をもたげてきた。

バフェットは、ハーバードの面接を受けた。この時、バフェットはまだ一九歳。飛び級で進学したので、普通の大学卒業生より二つも若かった。面接でバフェットは株式投資の知識を披歴しようとした。それまでのバフェットの経験では、バフェットが株の話をすれば誰もが一目置いたからだ。

しかし、ハーバードはたった一つの物事に秀でていることによる自信を見透かし、その奥にある危なげな内面を読み取った。リーダーを輩出するのが目的のハーバードは、バフェットに不合格を突き付けた。この時のことを回顧して、バフェットはこう語っている。「私は見かけは一六歳で、情緒的には九歳くらいだった。面接を行なったハーバード卒業生と一〇分話をしただけで、私は能力を見抜かれ、不合格となった」（『スノーボール〈上〉』）。

しかし、この不合格は天の導きであった。すぐに別の大学院を探し始めたバフェットは、コロンビア大学の入学案内に二人の名前を見つけた。「バリュー投資の父」と呼ばれるベンジャミン・グレアムとデービッド・ドッドである。「私にとっては偉大な人々だった。グレアムの本はさんざん読んでいたが、コロンビアで教えているとは知らなかった」（同前）。

グレアムの本とは、一九四九年に出版された『賢明なる投資家』のことだ。バフェットはこの本にすっかり魅了されていた。何度も何度も読み返し、実際にグレアムの法則に従って、バリュー投資を行なってもいた。そのグレアムがファイナンスを教えている。そして、投資に関するバイブルとも呼ばれた『証券分析』をグレアムと共同執筆したドッドがビジネススクールの副校長兼ファイナンス研究科長をしている。ウォーレンはコロンビアに行こうと決めた。

しかし、それは大学が始まる一ヵ月前の八月だった。バフェットは行動した。副校長のドッドに手紙を書いたのだ。内容はこんな感じだったという。「あなたとグレアムが教鞭をとっていることがそこに書いてあるのを見て、あなたがたがどこかのオリュンポスの山から私たちに光を投げかけているのだと知った、というようなことを書いたんだと思う。入学させてくれれば喜んで行きます。ふつうの出願と違うのはわかっています。たぶんきわめて個人的なお願いでしょうね、と」（同前）。

何とこれで、バフェットは入学を認められる。ドッドもグレアムも学生が情緒的に成熟しているかどうかよりも、ビジネスや投資の素質を重視していた。リーダーを育成しようとは考えていなかった。そして、その眼鏡にバフェットは適ったのだ。ハーバードは落ちるべくして落ち、コロンビアには導かれるべくして導かれた。まさに、運命的な師弟の結びつきであった。

ドッドの講義のテキストとして使われた『証券分析』を、バフェットはほとんど暗記していた。本書の共著者の一人であるドッドが内容に精通していたのはいうまでもないが、それでもこの本に関してバフェットはきっぱりと言う。「私のほうがずっとよく知っていたのは間違いない。どの部分であろうと、引用することができた。そのときは七、八〇〇ページの本に書いてある実例を、文字どおりすべて暗記していた」（同前）。

コロンビア入学時のバフェットの資産は、九八〇三ドル。それが一年後卒業する時には一万九七三八ドルにまで殖えていた。学びと実践とが完全に一致していたのだ。

こうして、ただ一人Aプラスの成績でコロンビアを卒業したバフェットは、父の証券会社、バフェット・フォーク社で株式ブローカーとして働いた後、一九五四年にグレアムの投資会社、グレアム・ニューマン社に入社。再び師の謦咳に接することとなる。

二年後の一九五六年、六二歳のグレアムは引退し、グレアム・ニューマン社は解散。二五歳のバフェットは独立して自ら投資パートナーシップを立ち上げる。この時、バフェットの手元資金は一七万四〇〇〇ドルに達していた。コロンビア大学入学時の九八〇三ドルから、年率六〇％以上で殖やしたのである。

ここで、当時の一七万ドルを実感していただこう。一九五六年（昭和三一年）の一七万ドルである。年配の読者はご存じの通り、当時は一ドル＝三六〇円。だから円換算すると六〇〇〇万円を超える。それが、どれほどすごい金額か。映画『ＡＬＷＡＹＳ三丁目の夕日』は大ヒットしたからご覧になった方も少なくないであろうが、あの映画の舞台が一九五八年（昭和三三年）。あれとほぼ同じ時代（もっと正確に言えば、それより二年前のまだ貧しかった時代）の六〇〇〇万円である。日本では当時、小学校教員の初任給が七八〇〇〇円。都バス運賃は一五円。うどん・そばは一杯三〇円くらいであった。

今は大体一〇倍から二〇倍くらいになっているから、現在に換算するとバフェットは二五歳にしてすでに株式投資で一〇億円くらいの資産を築いていたことになる。

もちろんこれはまだ序の口であるが、ベンジャミン・グレアムがバフェットの原点であったことは間違いない。ではここから、グレアムのバリュー株投資法とはどのようなものかについて述べて行こう。

グレアムのバリュー株投資法——二つのガイドライン

株式投資法には色々あるが、その代表的なものに「バリュー株投資」と「成長株（グロース株）投資」がある。バリュー株投資とは、現在の株価が割安なのか割高なのかを見きわめて、割安なら買うという方法。一方、成長株投資は、会社の将来の成長性に注目して業績が伸びそうなら買うという方法だ。グレアムの投資法は、前者を確立したと言ってよい。

グレアムの原点は、一九二九年のウォール街大暴落にある。「過去の経験に基づく楽観主義が広がり、危険な状態であった」（『株で富を築くバフェットの法則』ロバート・G・ハグストローム著　ダイヤモンド社刊）とグレアムは書いている。楽観主義が蔓延し、買いが買いを呼ぶ。そういう危険な買い方に対する対抗手段として、グレアムは「安全なマージン」という銘柄選別法を提唱した。安全なマージンを確保するための投資法は二つ。一つ目は、市場を弱気が覆っている時に買う。二つ目は、市場全体が弱気でなくてもある株式が本質的価値よりも安い価格で取引されている時に買うというものだ。

一つ目に関しては、すでに本章冒頭で述べたところだ。問題は二つ目である。本質的価値はどうやって計るのか？――グレアムは『証券分析』の出版以前には誰も考えなかった定量的手法を編み出したのである。グレアムは言う。本質的価値とは「事実によって決まる価値」であり、事実とは、企業の資産、利益であり、配当や将来の見通しだ。しかし、将来を見通すことは難しい。グレアムの経験からも、経営者の評価や事業の特質など定性的な要素に関心が移ると、投資家が過大な期待をするようになることはわかっていた。そこでグレアムは確実なところから始めることを勧める。純資産が出発点だ。株式を買う時の最低ラインは、清算価値である。それが一九二九年を経験したグレアムの基本となる考え方であった。

そして、そこから生み出された二つのガイドラインが①純資産価値の三分の二の価格で買うこと、②株価収益率（ＰＥＲ）の低い銘柄を買うこと、である。①に関して、グレアムは機械設備などの資産価値をまったく評価しない。そして長期・短期の負債はすべて差し引く。残るのは流動資産のみだ。こうして計算した一株当たりの資産価値よりも株価が低ければ、絶対確実な投資手法と言える。

ただ、この手法の問題点は、この基準を満たす銘柄を見つけ出すのは至難だということである。そこでグレアムは②のガイドラインを提示する。株価収益率の低い株式で、価格の下がってきたものを買うというものだ。ただし、最低条件は純資産がプラスであること。安全志向のグレアムは、さらにこういった投資を分散して行なうことを主張した。グレアムは終生、この考え方をベースとした。

分散のグレアム、集中のバフェット

バフェットは師・グレアムから独立して投資パートナーシップで運用をスタートさせたわけだが、徐々にグレアムの考え方とは異なっていった。それには、チャーリー・マンガー（現バークシャー・ハサウェイ副会長）との出会いとその影響があるのだが、マンガーの話は後にして、師・グレアムとの違いが顕著になった一九六四年からの「アメリカン・エキスプレス買い」についてご説明しよう。

アメリカン・エキスプレスは、今もバークシャー・ハサウェイが保有する代表的銘柄の一つだが、その買いは一九六四年に始まる。当時アメリカン・エキスプレスは金融業界で台頭しつつある会社だった。一般市民が飛行機に乗って旅する時代が訪れ、同社のトラベラーズ・チェック五億ドル相当額が世界中で流通していた。五年前に始まったクレジットカード事業も急速に伸びていた。

しかし、好事魔多し。子会社のスキャンダルが明らかになり株価は急落。六四年に入った頃には株価は前年の約半値となり、存続を危ぶむ声さえ出始めた。

バフェットは数ヵ月かけ、アメリカン・エキスプレスが競合他社と比較して優位にあるかどうか、アメリカン・エキスプレスのトラベラーズ・チェックとカードの利用量が減ったかどうかを徹底的に調査した。厚さ三〇センチ（三〇ページではない！）にもおよぶ調査資料を分析し、バフェットは判断した。「顧客はアメリカン・エキスプレスというブランドの利用に、問題を感じていない」（『スノーボール〈上〉』）と。その判断が正しかったことは、皆様もおわかりの通りだ。

バフェットは猛烈な買いに入る。一九六五年にはバフェットの投資パートナーシップに占めるアメリカン・エキスプレスの比率は、約三分の一になった。バフェットの投資法は、グレアムの世界から大きくかけ離れた世界に足を踏み入れていた。バフェットは投資パートナーに新しい〝基本原則〟を伝える必要があった。「私たちのやり方は、たいがいの投資家に比べると、とうてい分散的とはいえません。知りえた事実と推論の正しい確率がきわめて高く、なおかつ投資対象の潜在的価値が劇的に変化する確率が非常に低いという条件下では、純資産の最大四〇%を一種類の株に投じることもあります」(同前)。

一九二九年の大暴落を原点とする師・グレアムは、投資は分散させるべきと終生主張し続けた。しかし、時代の変化がその投資法を通じないようにして行ったのだった。グレアムが現役の頃、またバフェットがグレアムの下にいた頃は、グレアム流投資はこのようにして行なわれていた。朝出勤して『ムーディーズ・マニュアル』やS&Pの週報をめくり、グレアム流の定量分析に適う割安銘柄を探し、証券会社に電話して株を買う。

しかし、現在インターネットで株式投資をしている読者の皆様もおわかりの通り、こんな牧歌的なやり方で割安銘柄が買える、儲けられる時代ではなくなっていた（読者の中には、かつて『会社四季報』が株式投資のバイブルであった時代を思い起こされた方もいるであろう）。一九六四年時点ですでに、こういうやり方で見つけられる掘り出し物はゼロに等しいくらい減っていたし、注目されず割安に置かれるような銘柄は小さい会社であることが多いので、巨額になったバフェットの運用資金を投じるには適さなかった。

バフェットは師・グレアムを越えた一歩を踏み出した。バフェットは投資パートナーへの手紙で次のように書いた。「定量的なやり方をするときには予見する力は不要です。（中略）ヒットにはなります。でも、しっかりと定性的な判断をする投資家のほうが、大きな儲けを出しやすいのです」（同前）。

終生の同志チャーリー・マンガー

独立して投資パートナーシップをスタートさせたバフェットは、投資家を募らなければならなかった。一九五七年夏、バフェットは祖父・アーネストが営んでいた食料品店の昔のお客であるエディー・デービス医師宅を訪ねた。夫人のドロシー・デービスから投資パートナーシップの説明を聞かせてほしいという依頼電話を受けたからだ。

バフェットは一時間ほど話した。ドロシーはとても熱心に聴き、時折良い質問をした。しかし、エディーの方はといえば、ずっとうわの空だった。ひと通り話が終わると、ドロシーは夫・エディーの方を向いて「どう思う?」と聞いた。エディーは「彼に一〇万ドル預けよう」と言った(一九五七年の一〇万ドルである! 三〇~三一ページの現在価値を今一度確認していただきたい)。

バフェットは尋ねる。「ドクター・デービス、あの、それだけのお金を預けてもらえるのはうれしいですが、あなたは私の話をあまり注意深く聞いていませんでした。それなのに、どうしてですか？」すると、エディーはこう答えた。「きみはチャーリー・マンガーを思い起こさせるから」。バフェットは返した。「そうですか。私はチャーリー・マンガーという人を知りませんが、彼のことを大好きになりました」。

一九五九年夏のある金曜日、エディー・デービスの息子であるニール・デービスの紹介で、バフェットは初めてチャーリー・マンガーに会う。マンガーはバフェットより六歳年上。ハーバード・ロースクールを出てロサンゼルスで弁護士をやっていた。チャーリーの父も弁護士、祖父は連邦裁判所判事を務めた法曹一族であったが、あまり裕福ではなかった。

マンガーはお金持ちになりたかった。マンガーは言う。「フェラーリが欲しかったからではない。自立したかったからだ」。実は、マンガーは短期間だけバフェット食料品店で働いたことがあった。マンガー曰く、ウォーレンの祖父・アーネストの下で「奴隷のように働いた」。この話をきっかけに二人の話は進み、バフェットがグレアムと投資パートナーシップについて話し出すと、マンガーはのめり込んで行った。

バフェットの投資パートナーシップの運用成績は素晴らしく、バフェットは一層金持ちになり、出資者たちも非常に喜んで、さらに新しい投資パートナーが次々と加わってくる。ずっと聴いていたマンガーが口を開いた。「ぼくもカリフォルニアでおなじようなことができるかな」。バフェットはちょっと驚いた。普通、ロサンゼルスで成功した弁護士の口からは出そうもない質問だったからだ。バフェットは答えた。「そうだね、きっとできると思うよ」。そして、その予言は当たった。後にマンガーも、投資パートナーシップを立ち上げたのだ。

マンガーの投資手法はバフェットと似ていて、基本はグレアム流であった。しかし、まったく同じではなかった。マンガーは投資だけでなく、もちろん法律の知識もある。ロサンゼルスの実業界や社交界での幅広い付き合いもあり、興味の対象も科学・歴史・哲学・心理学・数学と幅広い。マンガーは、投資判断やビジネスでは、これら幅広い分野で学んだものを組み合わせて行なうべきだと考えていた。そういうマンガーからすると、グレアム流思考には欠点が見えた。「未来が『好機に富んでいるのではなく危険に満ちている』と考える」（以上、会話内すべて『スノーボール〈上〉』）。

そもそもバフェットが株式投資をするのは、アメリカ企業の長期的な見通しは上昇機運にあると楽観的に見ていたからに他ならない。にも関わらず、投資手法においてバフェットは、清算価値に基づいて企業を観察するというグレアム流の不吉極まりないやり方を長く続けていた。マンガーは、バフェットに安全マージンの定義を見直し数値データ以外も考慮するように、まずまずの企業を安値で買うよりも素晴らしい企業をまずまずの価格で買う方がよいとアドバイスするようになる。

転機となったシーズ・キャンディーズ買収

バフェットが師・グレアムを逸脱する投資を行なった例を、もう一つ挙げよう。バークシャー・ハサウェイの株主総会で受けた質問「これまでの投資案件でもっとも学びが大きかったものは何か？」に対し即答した「シーズ・キャンディーズ」である。

シーズ・キャンディーズ社は、一九二一年にメアリー・シーがロサンゼルスに開業したチョコレート店に始まる。製品の質で絶対に妥協しないという一貫した信念で西海岸でナンバーワンのブランドとなったが、創業から五〇年が経ち、メアリーおばあちゃんの後継者たちは第二の人生を考える時期を迎えた。そこで、買収先を探していた。その話がバフェットの耳に入ったのである。

当時、シーズ社はわずか八〇〇万ドルの純有形固定資産しか有していなかったが、それを使って四〇〇万ドルの税前利益を稼いでいた。同社を売りに出した創業家は三〇〇〇万ドルを対価として要求したが、当初バフェットは二五〇〇万ドルしか払う気がなかったばかりか、たとえその金額であっても、それほど魅力的には思えなかった。純有形固定資産の三倍もの価格だったからだ。

しかし、マンガーはそれに見合うだけの価値があると見ていた。シーズ社は、貸借対照表上には姿を現さない莫大な資産を保有している。それは、圧倒的ブランド力による飛び抜けた価格決定力、明白で永続的な競争優位性だと。

最終的に創業家はバフェット側が提示した二五〇〇万ドルを受け入れ、買収は成立した。そしてその後、シーズ社はマンガーのにらんだ通り、時を経るごとに大きな利益を生みだしていった。バフェットはシーズ・キャンディーズの経営を観察することを通じて、強力なブランドを持つビジネスの価値を学んだ。バフェットの考え方に、地殻変動ともいえる変化が起こったのである。

一〇年後、バフェットはシーズ社を一億二五〇〇万ドルで買いたいというオファーを受けたが断った。バフェットは、師・グレアムに同志・マンガーがミックスされることで、一段の進化を遂げたのである。

バフェットに何を学ぶか

ここまで、ウォーレン・バフェットの生い立ち・言葉・投資行動などを見てきた。私たちは、バフェットから何が学べるだろうか。

もちろん、ここで引用してきたバフェットの言葉自体に学べるものはあったであろう。バフェットが行なってきた投資行動の一部も理解されたことだろう。しかし、それで私たちが株式投資の勝利者になれるかといえば、それは「NO」と言わざるを得ない。

私が思うに、バフェットに学ぶ第一は「徹底すること」ではなかろうか。バフェットは幼い頃から徹頭徹尾、儲けることを追求してきた。惚れ込んだ本は七、八〇〇ページすべて暗記した。企業を調べる時には、調査資料が厚さ三〇センチにもなった。いずれもその徹底ぶりは常識をはるかに超えるものだが、バフェット成功の根本要因にはやはりこれがあると言わざるを得ない。そこまでやれば、世の人がどう言おうとも揺るがない、〝内なる拠り所〟が形成されるのである。

二点目は、その「徹底」が結び付ける縁である。師であり、同志である。常識では「あり得ないだろう」としか考えられないコロンビア大学への入学には、先にも書いたが運命的な結び付きを感じる。終生の同志となるマンガーとは元々面識がなかったのだが、実はマンガーがバフェットの祖父の店で働いていたというのにも奇縁を感じる。「天は自ら助くる者を助く」というが、私たちが何かを徹底して志向する時、天はそれに相応しい人を結び付けてくれるのではなかろうか。そういう師や同志がいなければ、私たちは決して人生の勝利者とはなり得ないであろう（次章でご紹介するジョージ・ソロスの投資における大成功も、そういう人との出会いがあったからこそである）。

　上記二つを皆様の株式投資に関して当てはめてみるとすれば、まず皆様が本書をスタート地点として株式投資をもっともっと徹底して学ぶこと、そして実践することである。

　本書では、バフェット、ソロスの投資手法から始まって、短期・中期・長期のトレンド分析、様々なテクニカル分析、そして知られざる秘伝のテクニカル分析である「カギ足」、一般にはあまり知られていないオプション取引の基本までご紹介している。お読みになった皆様が興味を持たれたならば、ぜひ次の行動に移ってほしい。もっともっと学び、その学びを活かしてドンドン積極的に投資行動をとってほしい。

思い出していただきたい。コロンビア大学時代のバフェットを。彼はグレアム流投資を徹底的に学び、そしてそれを実際に活かして投資して、わずか一年で資産を倍に殖やしたではないか。もちろん、バフェットといえども百戦百勝ではない。それどころかバフェットは、ナンバー1の過ちはバークシャー・ハサウェイだと言っている。破綻しかかっている繊維工場を立て直そうとして、二〇年も無駄にしたと。実はバークシャー買収は典型的なグレアム流投資であった。当時バークシャーは、清算価値以下の株価であったのだ。しかし、繊維事業はついに立て直せず、縮小を続けた上で結局、全面撤退を余儀なくされた。それをもってバフェットは、「最大の失敗」と言っているのだ。

しかし、バフェットはそういう苦い経験をしながら、そのなかで考えて、進化を遂げていった。今日、バークシャー・ハサウェイは見違えるような投資会社に生まれ変わっている。バークシャー買収の失敗話に続けて、バフェットはこう言う。「だが、作為より不作為――買えたのに買わなかった――の失敗のほうが、ずっと頭に残っている」（『スノーボール〈下〉』）。行動しなければ、進化はあり得ない。

皆様もこの本をきっかけに、一層学び、それを活かして投資してほしい。その中で、成功もすれば、失敗もするであろう。それが新しい教訓を与えてくれるのである。

そして、そんな中で縁があって株式投資に秀でたと思える人物――たとえば、本書で紹介する「カギ足」分析の川上氏など――に出会ったならば、その人から徹底的に学ぶことである。バフェットが、グレアムの下に馳せ参じたように。妥協せず納得いくまで質問し、学ぶことだ。

そしてまたその学びを元に投資をし、成功もし失敗もし、実感として教訓を得る。さらに、次の段階に進んで行く。投資に限らず人生そのものもだが、こうして行けばきっと道は明るく開かれると私は信じている。

第二章　ソロスはどうやって巨万の富を築いたか

楽観のバフェット、悲観のソロス

オマハの賢人（ウォーレン・バフェット）が生まれたのは一九三〇年八月三〇日だが、その日から遡ること一八日前、もう一人の天才が生を授かった。その人こそ、ジョージ・ソロスである。

大恐慌の真っ只中に産声を上げた二人は、対照的な方法で莫大な富を築いた。そして現在、二人は米フォーブス誌のビリオネア・ランキング二〇一七（世界長者番付二〇一七年）にランクインしている。バフェットが二位で、ソロスが二九位だ。

世界三大投資家として知られるこの二人は、投資の手法も投資に関する考え方も、そして生き方も対照的である。バフェットはヘッジファンドを極端に嫌い、世界経済に対する見方は往々にして楽観的だ。一方のソロスは、バフェットが毛嫌いするヘッジファンドという単語を世間に認知させた人物であり、世

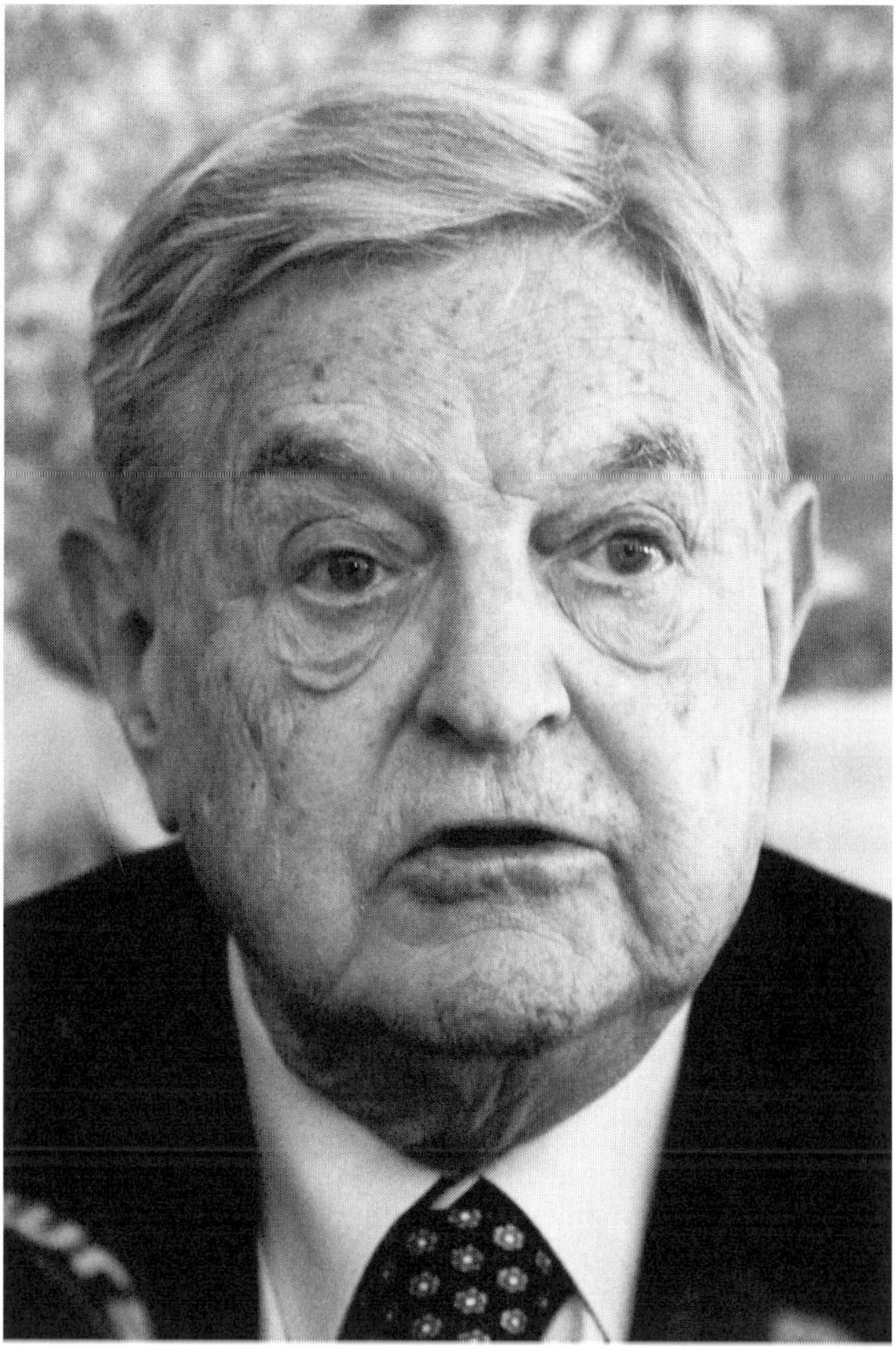

「イングランド銀行を潰した男」の異名を持つ、世界屈指の投資家。その投資行動は「一国の経済を破壊する」と世界各国首脳までをも巻き込む。　　　　　　　　　　（写真提供：ロイター / アフロ）

界経済の成り行きを基本的に悲観視している。

考え方も生き方も対照的なこの二人だが、二人から学べることは多い。本章では、もう一人の天才、ジョージ・ソロスにスポットを当てる

ちなみにバフェットは今もバリバリの現役だが、ソロスは今から数年前まで投資の世界から遠ざかっていた。ところが、二〇一六年六月九日に米ウォールストリート・ジャーナル紙が「ソロス氏、トレーディング再開――世界経済に悲観的」と報道。ソロスの復帰が明るみとなり、市場関係者を騒がせた。

満を持して投資の世界に復帰したソロスであったが、米国のドナルド・トランプ大統領の当選によって巨額の損失を出している。「関係者によると、ソロス氏は（二〇一六年）一一月まで市場に慎重な姿勢を見せ、トランプ氏が選出された直後は一段と弱気な見通しを示すようになった。これが誤算となり、ソロス氏は一時一〇億ドル近い損失を抱え込んだ」（米ウォールストリート・ジャーナル二〇一七年一月一二日付）。

実をいうと、天才と称されるソロスは、私たちが思っている以上に多くの失

敗を経験している。というより、投資の世界で全勝している人など存在しない。これはソロス自身が著書で繰り返し主張しているのだが、ソロスは自身の失敗を後から冷静に分析し、次の機会に活かしている。

本章ではソロスの関わった複数の大きなイベントを紹介するが、彼の判断が間違っていることは珍しくない。それでもソロスが萎縮したりはしないのは、大まかな流れをつかんでいるためだ。将来の予測に関してソロスが詳細なタイミングこそ見誤ることは少なくないが、基本的に大筋の流れは読めている。たとえばリーマン・ショック直前の二〇〇八年六月二一日、ソロスはウォールストリート・ジャーナルに自身の失敗についてこんなことを語っていた――「オオカミは、少年が三度、叫んだ後にくる」。

どういうことか？　実は、ソロスはこのインタビューで「過去二五年間で形成されたスーパー・バブルが崩壊しつつある」と論じたのだが、インタビュアーから「あなたは一九八七年と一九九八年の二回、世界経済の崩壊を叫んだが、いずれも外している」と指摘されたのだ。それで、これが三度目の正直だと答えたのである。

続けてソロスは「住宅価格の下落は、現在予想されているよりも一段と険しく、長期化すると考えている」と指摘。二五年に及ぶスーパー・バブルが、今度こそ（そう遠くない将来に）崩壊すると予測した。ご存じの通り、この直後に世界経済は瀕死の状態に陥ることになる。

「三度目の正直」という格言をみごとなまでに体現したソロスはインタビューで、世界経済に対する見方が過去に誤っても自身の富を維持できたのは、間違った場合にそれを認識できたためだと説明した。

私が思うに、ソロスは世界経済に関する大まかな流れを確実につかんでいる。言い換えると、あとは詳細なタイミングだけだ。もちろん、投資はタイミングがすべてである。大まかな流れをつかんでいたとしても、投資のタイミングを誤ったために巨額の損失を出すことは珍しくない。しかし、ソロスの過去の実績こそが、彼の正しさを明らかにしている。

過酷な幼少期

ソロスは、一九三〇年八月一二日にハンガリーのブダペストで生まれた。二人兄弟の次男で、弁護士でエスペラント作家の父を持つ。ソロス家はハンガリー系のユダヤ人で、ソロスの伝記によると父のティヴォドア・ソロスは第一次世界大戦の戦中と戦後にロシアの捕虜となったが、ロシアから逃亡しブダペストに戻った。

ソロスが「人生の手本にしようと思った」という敬愛すべき父ティヴォドア・ソロスは、「私が頼れる唯一の資本は頭だけなのさ」とよくソロスに言ったという。正確を期すと、一九三六年までソロス家の姓はシュヴァルツであった。しかしファシストと反ユダヤ感情の高まりから、アシュケナジム（ユダヤ社会の二大勢力の一つ。ドイツ語圏や東欧諸国に移住した白系ユダヤ人とその子孫）に多いシュヴァルツという姓を捨て、ショロシュ（Soros＝ソロス）に姓を変えたのである。ちなみにソロスはハンガリー語で「指名されている後継者」を意味し、エスペラント語では「上昇するだろう」という意味であったことから、父はソロスという姓をとても気に入っていたという。

典型的なユダヤ人の家庭に育ったソロスであったが、一九四四年三月一九日、ソロスが一三歳の時にハンガリーの指導者ホルティ・ミクローシュが同盟関係にあったナチス・ドイツのアドルフ・ヒトラーへの協力を宣言。ハンガリーは実質的にナチス・ドイツのコントロール下に置かれることとなった。そして、ハンガリーのユダヤ人に対してホロコーストによる虐殺が始まる。

この当時、ソロスの父は息子や仲間のユダヤ人のために偽造の身分証明書の調達に奔走したようだ。父のティヴォドアはこの時、ソロスに「異常時には通常のルールは適用されない」ことを徹底的に教え込んだという。第一次世界大戦中に志願兵となり、中尉にまで昇進したティヴォドアは、その後に地獄のような体験をしたことで戦後はもぬけの殻のようになった。しかし、一九三九年頃から危機を察知したティヴォドアは財産を徐々に処分し始め、ナチス・ドイツがハンガリーを管理下に置くころにはすでにほとんどの財産を処分していたという。さらにはハンガリー政府の役人を買収し、ソロスをその息子に偽装し難を逃れさせた。

一九四五年、ブダペストではナチス・ドイツとソ連軍の熾烈な市街戦が巻き起こり、ソロスもそこに居合わせたが何とか生き延びている。その後、ソ連軍による悲惨な虐殺を目の当たりにしたソロスは、ハンガリーからの出国を決意。ハイパーインフレ状態にあったハンガリーで初めて通貨の取引を行ない、一九四七年、ソロスが一七歳の時に英国へ移住（実質的には亡命）する。

哲学に魅せられた学生時代

英国ではケンティッシュタウン科学技術専門大学に入学するが、ソロスは哲学や経済を志向していたこともあり、学校の授業が退屈で仕方なかったようだ。しかも貧乏で女性にもモテず、「絶望の日々だった」と伝記では述懐されている。

ソロスはやがて国際的な学問府であるロンドン・スクール・オブ・エコノミクス（ＬＳＥ）に興味を抱き、自分の学校をサボって、ＬＳＥの講義をこっそり聴くようになった。ソロスにとって刺激的な授業が多かったという。ところが無断でＬＳＥの講義を聴いていることが発覚してしまい、ケンティッシュタウン大学を退学させられることとなった。

しかし、これをきっかけにソロスは勉学に励み、一九四九年にＬＳＥへ正式に入学する。ソロスはこのＬＳＥで哲学を深く学び、在学中に読んだ哲学者カール・ポパーの著作『開かれた社会とその敵』にとりわけ感銘を受けた。ソロスはカール・ポパーの研究室をよく訪ね、師と仰いだ。後にソロスは、著書や講演でたびたび「開かれた社会」について語っている。ポパーの哲学は、現在でもソロスの精神的支柱になっているという。

ＬＳＥに晴れて入学したソロスであったが、それでも貧困の問題だけはいつになっても解決しなかった。学費と生活費を得るために、ソロスは夜はレストランのウエイター、昼は駅でポーターのアルバイトをしていたのだが、ある日、荷台に片足がはまり込んで骨折してしまう。万事休すかと思われたが、ソロスは労災や補償金の仕組みを徹底的に調べ、公的機関とユダヤ人への救援団体からサポートを受けられることとなった。一時は寝たきりとなり絶望していたソロスであったが、支援を受けられたことにより幸運にも学費の問題が解決する。

投資の世界で研鑽を重ねた青年期

一九五二年に大学を卒業後、ソロスは志望していた金融業に就くことができず、しばらく英国のリゾート地ブラックプールで宝飾品などの販売に従事した。当時のシティ（英ロンドンの金融街）は縁故採用が一般的であったため、簡単に就職できなかったという。それでも卒業の翌年には証券会社のシンガー＆フリードランダーに入社できたのだが、そこでの成績は芳しくなく、最終的に解雇された。

するとさらに翌年、ソロスは米国のウォール街への移住を決意する。目的は、ソロスの元来の夢であった哲学者として自立するための資金を稼ぐことだ。

一九五六年のソロスは、ウォール街では小さな投資銀行のＦ・Ｍ・メイヤーに入社し国際裁定取引に従事したのだが、一九五八年頃から空前の欧州ブーム（当時ＥＵの前身であるＥＥＣが発足されたこともあり、欧州株への投資が活発化した）が起こり、ロンドン出身のソロスは大いに重宝されることになったのである。そこでソロスは独自の分析法でドイツのドレスナー銀行やアリアンツ保険といった割安で長期的に有望な投資先を次々と発掘、欧州株のアナリストとして成功を収めた。ソロスは一九五九年にワーサム証券からヘッドハンティングされたのだが、この頃になるとＪＰモルガンなどの投資銀行もソロスのレポートを元に投資判断を下すようになったという。

ところが、一九六三年に環境が激変した。同年七月にジョン・Ｆ・ケネディ大統領が米国の経常収支を改善するために利子平衡税（米国で発行される外国証券と株式にかける一定率の平衡税）を課す法案を議会に提出すると欧州株が暴落（ケネディ・ショック）、対外投資の魅力が薄れ、これにより欧州ブームは下火となる。ひいてはソロスの欧州に関する分析が用済みとなってしまい、ソロスはワーサム証券を辞めてアンホールド＆Ｓ・ブレイシュローダー証券へと移ったが、そこでも仕事は激減した。

ただし、このアンホールド証券でソロスはこの先の人生を左右する重要な人物と出会う。そう、ジム・ロジャーズだ。

米国で欧州ブームが下火となってからの数年間、ソロスは哲学を極めようとしたが納得のいく学位論文を完成させることができず、一九六五年に投資の世界に再び復帰する。

クォンタムファンドの設立

依然としてアンホールド社のトレーダーであったソロスは、一九六五年頃から米国の証券に関心を示すようになり、徹底的に学んだ後に独学でポートフォリオを作った。このポートフォリオが素晴らしいリターンを上げたことから、ソロスはそれを外部の投資家に開放しようと考え、「ヘッジファンド」という概念がなかったこの時代に「ファースト・イーグル・ファンド」を設立。ソロスが自身のキャリアで初めてとなるファンド（ポートフォリオ）・マネージャーを務めたこの「ファースト・イーグル・ファンド」は、大成功を収めることになる。

すると、ソロスは一九六九年に「ダブル・イーグル・ファンド」を、さらには一九七三年に「ソロス・ファンド・マネジメント」（後のクォンタムファンド）を矢継ぎ早に設立した。前述したように、一九七三年に設立されたソロス・ファンドには、アンホールド社でアナリストを務めていたジム・ロジャーズがジュニア・パートナーとして参画している。ソロスとロジャーズの役割は明確に分けられており、ソロスが投資決定の判断を下し、ロジャーズは調査の方を担当するというものであった。ダブル・イーグルが設立された一九六九年の資本金は約四〇〇万ドルで、これが一九七三年には一二〇〇万ドルとなり、一九八〇年には四億ドルにまで膨らんでいる。

ロジャーズと組んだクォンタムファンドは、一九七三年の設立から一〇年間で、四二〇〇％のリターンを出してソロスの富の基礎を形成した。ちなみに、同期間の米Ｓ＆Ｐ五〇〇種のリターンは四七％に過ぎない。

クォンタムファンドは当時としてはかなり先駆け的な存在であった。一九七〇年代までは投資というと、保守的なバイ・アンド・ホールド（買って持つ）が圧倒的に主流であったが、ソロスたちが実践したのは利益が出るのであればロング（買い）とショート（売り）のどちらでもポジションを持つという「全天候型」の運用スタイルである。投資対象も株式だけでなく通貨や商品、ディストレスト債券（不良債権の値上がりに賭けるハイリスク・ハイリターン投資）など幅広く、先物やオプション取引なども積極的に用いた。国際情勢、マクロ経済、金融・財政政策、政治リスク、社会トレンドなどを見極め、リターンを上げるために大胆なポジションを持つという「グローバル・マクロ」という言葉を広く知らしめたのは、ソロスたちである。

しかし、一九八〇年にソロスとジム・ロジャーズは仲違いし、決別した。きっかけはファンドの運営を巡る喧嘩だったという（ジム・ロジャーズはことあるごとに「決別して以来、ソロスとは一度たりとも連絡を取っていない」と語っている)。ジム・ロジャーズを失ったクォンタムファンドは、翌年の一九八一年に初めて損失を出した。運用実績は年率マイナス二二%でファンドから大量の資金が流出、約四億ドルあったファンドの資金は二億ドルと半減している。

するとソロスはクォンタムファンドを分割してファンド・オブ・ファンズにして、自身はファンド・マネージャーから退いた。しかし、低迷を脱することができず一九八四年にソロスはファンド・マネージャーに復帰。翌年のプラザ合意(米ドルの協調的な切り下げ)では中長期的なドルの下落をみごとに予見し、一五ヵ月の間に約一一四%のリターンを上げた。その後、一九八七年のブラック・マンデーでは多額の損失を出しているが、通年では一四%のリターンを上げた。

ところが一九八九年頃になると、ソロスの関心は投資から慈善事業へと移っていく。中国で天安門事件が起き、欧州ではベルリンの壁が崩壊したからだ。中でもソロスは、自身との関係が深い東欧諸国に対する支援を活発に行なっている。時を同じくしてクォンタムファンドには大きな転機が訪れた。きっかけは、後にソロスの右腕と称されるようになるスタンレー・ドラッケンミラー氏の起用である。現在でもヘッジファンド界のスーパー・スターとして君臨するドラッケンミラー氏は、クォンタムファンドにデリバティブ運用を持ち込み、ファンドの影響力の拡大に大きな貢献をした。一九九〇年代初頭になると、（正確な数字は定かではないが）レバレッジ効果によってクォンタムファンドは数兆円規模の運用が可能となったという。

そしてその矢先の一九九二年、同ファンドの知名度を一気にメジャー級に押し上げた事件が起こった。そう、「ブラック・ウェンズデー」である。

ブラック・ウェンズデー（暗黒の水曜日）

「一気に急所を刺せ――」――一九九二年九月、ジョージ・ソロスは自身の部屋でこう怒鳴った。怒鳴った相手は腹心のスタンレー・ドラッケンミラー氏である。このやりとりの直後、俗に言う「暗黒の水曜日」（英ポンド危機）が英国為替市場を襲った。

「この相場は間違っている――」。一九九〇年代初頭、英国経済は英国病の後遺症に苛まれており慢性的な不振に喘いでいた。「欧州の病人」と他国から揶揄されていたにも関わらず、英国ポンドはＥＲＭ（欧州為替相場メカニズム＝欧州における為替相場の変動を抑制し通貨の安定性を確保することを目的とした制度）の推進により高値圏を維持。その〝矛盾〟に目を付けたソロス率いるクォンタムファンドは、英ポンドの売り崩しを企てる。

指揮をとったのは、当時クォンタムファンドのマネージャーの地位についていたドラッケンミラー氏。ドラッケンミラー氏は、分析の天才として知られる。同氏は緻密な分析の結果、英ポンド相場が間違いなく「異常」（実体経済に不釣り合いなほど高値）であると判断した。そして、ソロスの決断をきっかけにクォンタムファンドは、一九九二年九月頃から英ポンドに対し一五億ドル相当の売りポジションを持つ。すると、多くのヘッジファンドがクォンタムファンドの決断を受けて英ポンドの売り崩しに参戦することになった。こうして、金融史上例を見ない通貨戦争の幕が開ける。

投機筋からの宣戦布告を受けた時のイングランド銀行（中央銀行）は、ヘッジファンドとの真っ向勝負を選択。保有する数兆円単位の外貨準備を活用して、通貨防衛（自国通貨買い）を図った。投機筋にとって天下の中央銀行は生易しい相手ではない。投機筋の売り浴びせによって英ポンドは弱含みの展開を強いられたものの、イングランド銀行の懸命な通貨防衛が暴落という事態を何とか回避させていた。

ヘッジファンドとイングランド銀行の攻防が激しさを増していた九月一五日、米ウォールストリート・ジャーナルのある記事を読んだドラッケンミラー氏は、さらなる行動を決意する。記事は、「ブンデスバンク（ドイツ中銀）総裁が『欧州の通貨は大々的に水準訂正が必要だ』と発言した」と報じていた。

この発言を見たドラッケンミラー氏は、ドイツ中銀が英ポンドの水準維持に手を貸さないと判断する。そしてソロスの部屋のドアを叩き、「（さらなる）行動を起こすときが来た」と進言した。同氏は「すでに持っている一五億ドル相当の売り持ちポジションを最終的に三〇億ドルまで増やす」という自身のアイデアを披露する。

「それは理屈に合わない――」。じっくりとこの提案に耳を傾けていたソロスは突如としてこう吐き捨てたという。「それはどういう意味ですか?」と食い下がるドラッケンミラー氏に対しソロスは、「正しいポジションなら大き過ぎるということはない」という持論を展開。「それで（三〇億ドル程度で）ポジションと言えるのか?」（君がポンドの下落を直感しているのであれば、なぜその程度の額で抑えるんだ）とドラッケンミラー氏の戦略を否定。そして、こう一喝した――「一気に急所を刺せ」。

後にドラッケンミラー氏は、ソロスの言葉に「衝撃を受けた」と語っている。極端なまでにソロス氏を崇拝していたドラッケンミラー氏は翌日、ソロスの助言を忠実に実行している。用意した資金は、当初予定していた三倍規模の一〇〇億ドルだ。こうして、今でもシティーで語り継がれている〝暗黒の水曜日

〝ブラック・ウェンズデー〟が始まる。

取引開始直後からクォンタムファンドの壮絶な売り浴びせを受けたイングランド銀行は、速やかに自国政府へ救援を要請する。するとノーマン・ラモント蔵相は国家の威信に関わると判断し、「投機筋を迎え撃つ」と表明した。そして自国通貨買いだけでは通貨防衛ができないと考え、さらなる手段として公定歩合（政策金利）の引き上げを指示。金利高によって投資家の英ポンド買いを誘うというもくろみである。

午前一一時、イングランド銀行は公定歩合を一二％へ引き上げると表明。しかし、それでも英ポンドの下落は止まらなかった。それほどクォンタムファンドの売り圧力はすさまじかったのである。すると午後二時過ぎ、ラモント蔵相は怒りに満ちた表情で「公定歩合を一五％に引き上げる」との声明を出す。

中央銀行が一日に二度も政策金利を引き上げるという展開は、まさに異例中の異例だ。しかし、それでも英ポンドの下落は止まらなかったのである。最終的にイングランド銀行の外貨準備は底を突き、英国政府は通貨防衛を断念せざるを得なくなった。そして午後四時、当局はＥＭＳからの脱退を決断する。

投機筋（ヘッジファンド）が天下の中央銀行を打ち負かすことなど、当時では前代未聞であった。ブラック・ウェンズデーは当時の市場関係者に文字通りの衝撃を与え、それ以来、ソロスには「中央銀行を打ち負かした男」という異名が付くことになる。正確を期すと、前述したように英ポンド売りの発案者は腹心のドラッケンミラー氏だ。しかし、ポジションを組ませたソロスの功績は大きい。当時クォンタムファンドの欧州責任者を務めていたスコット・ベセント氏は、「(ブラック・ウェンズデーは）莫大なポジションを組ませたソロス氏の功績だ」と回想している。

そのソロスがこの一連の出来事で重視したのは、「直感」だ。ソロスは自身の著書の中でブラック・ウェンズデーに限らず、投資判断の際は「自分の直感を信じる」と記している。それは超科学的なものではなく、あくまでも経験則に基づいたカンだ。言い換えると、ソロスの手法を私たちが真似するのは簡単ではない。直感やカンというのは各々で変わってくるし、ソロスの思考法を他人が完全に理解することなど不可能だ。しかし、直感を信じるという方法には見習うべき点がある。ほとんどの人は、直感など非常に抽象的な概念だと考えるだろう。そしてそれは正しい。しかし、それでも直感に頼るトレーダーはソロス以外にも多く存在し、実績を残している人もいる。実際、近年は直感がトレーディングにおよぼす影響を見直す研究が盛んだ。

二〇一六年九月二〇日付の米ブルームバーグは、「自分の鼓動に耳傾けられるトレーダーは成功、業界で生き残る―研究」と題した論説を掲載、元ゴールドマン・サックスで神経科学者に転じたジョン・コーツ氏の研究を引用し、自分の心拍数を正確に言い当てられるトレーダーは、そうでない人よりも高いリターンを上げられるとしている。

研究では、被験者に、手首や胸に触れることなく心拍数を概算することを求めたのだが、正確性の高いトレーダーほど過去一年の運用成績が良かった。また、トレーディング経験八年以上の被験者は心拍数を計る正確性が八五・三％と、四年未満の人の六八・七％に比べて高いという結果が出ている。記事は

「トレーディングにおける直感の役割は、証明はされなくてもかねて取り沙汰されてきた」（同前）が、コーツ氏の研究などがそれを証明しつつあるとし、「著名ヘッジファンド運用者のジョージ・ソロス氏は、腰痛が悪化するとポートフォリオを入れ替えると言われていた」（同前）と紹介した。

コーツ氏の研究は、経験を積むことこそが直感の確度を上げる最適な方法だと示唆している。

アジア通貨危機はユダヤの陰謀？

「（ソロスは）大金を持った馬鹿だ。不要なうえ非建設的で不道徳な利益を得るために、マレーシアの通貨リンギットを標的にした」（フィナンシャル・タイムズ二〇一七年七月四日付）。一九九七年のアジア通貨危機の際、マレーシアのマハティール・ビン・モハメド首相（当時）は、ジョージ・ソロスの実名を挙げて非難した。マハティール氏はこんなことまで言っている。「（ソロスら一部の）

ユダヤ人は、イスラム教徒が進歩を遂げるのを見るのが面白くない」（同前）。

ご存じの通り、二一世紀はアジアの世紀とも言われる。二〇二〇年までに中国・インド・インドネシアだけで新たな中間層が一七億人も生まれると試算されており、従来型の欧米主導の世界経済が一変すると考えられているのだ。当然、紆余曲折はあるだろうが、私も遠からずアジアの時代がやってくると考えている。今でこそ時代の寵児ともてはやされているアジア諸国だが、今から二〇年ほど前には深刻なバブル崩壊を経験した。俗に言う、一九九七年のアジア通貨危機である。とりわけ、タイ、インドネシア、韓国の三ヵ国は深刻な打撃を受け、ＩＭＦ（国際通貨基金）に支援を要請するに至った。そして、このバブル崩壊にも実はソロスが関与している。

当時の状況を振り返ってみたい。一九九〇年代初頭、東アジア諸国は世界の成長セクターとして先進各国から大いに関心が集まっていた。一九八〇年代後半から東アジア諸国はどこもかしこも高い経済成長率を維持し、一九九四年には中国、香港、台湾、韓国、ＡＳＥＡＮ諸国、それに日本を含めた東アジアの

GDP（国内総生産）は世界経済全体の四分の一を占めるまでに至る。

その時代はマネーが国境を越えて移動する、いわゆるグローバル時代が花開いた頃であり、日米欧といった先進国発のグローバル・マネーがアジア諸国へ流入した。中国が改革開放政策を推進させたこともあり、東アジアを中心とした国際分業体制が加速、先進国の企業は我先にと低コストのアジア諸国に投資したのである。

アジア諸国のほとんどが、自国通貨とドルの為替レートを固定する「ドルペッグ制」を採用しており、プラザ合意後の為替はドル安（円高）が基調であったためライバルである日本の輸出競争力が削がれ、アジア諸国は総じて輸出が好調を維持した。輸出増大による雇用拡大と所得増加（消費ブーム）が、さらなる海外からの投資を促すというスパイラルが生じたのである。

また、当時はアジア各国が固定相場制の中で金利を高めに誘導していたこともあり、ドルキャリートレード（低い金利の米ドルで資金調達し、高い金利のアジア通貨で運用する手法）が誘発された。すると、アジア各国への資金流入は次第にバブルと言える状況を作り出す。

資金流入が突出していたのはタイだ。当時のタイの金利は一二％前後で、米国との金利差は七％。ドルキャリートレードを行なえば一〇年で資金が二倍に膨らむことから、先進国からタイへの投資が急増した。アジア通貨危機が起きる前までに、およそ一〇〇〇億ドルものグローバル・マネーがタイへ流入したと言われている。タイの地価は、一九八〇年代後半から一九九〇年代半ばのおよそ一〇年の間に約三〇倍に暴騰した。株式取引も一〇〇倍に増え、街の至るところで高層ビルの建設ラッシュが起きている。

異変が起きたのは一九九五年だ。米国が「強いドル政策」に転換したのである。それまでは、ドル安（自国通貨安）こそがアジア各国の輸出競争力の根源であったのだが、この年を境にその環境が転換したのである。それゆえドルペッグ制を採用していたアジア各国の通貨もつられて上昇し、アジア各国は次第に輸出競争力を失って行った。一九九五年には前年比で二〇％～三〇％の成長率を記録していたアジア各国の輸出は一九九六年に一変、伸び率がわずか数％にまで低迷している。中でも、タイは唯一マイナス成長を記録した。

この現象に目を付けたのが、ソロス率いるクォンタムファンドである。クォンタムファンドをはじめとした一部のヘッジファンドは、タイの通貨バーツが過大評価されていると考えた。そして一九九七年五月一四日、欧米のヘッジファンドが大挙してバーツを空売りする。大規模な売りを受けたタイ政府は非常事態だと認識し、タイ中銀は一〇〇億ドルという空前のバーツ買いを実施し、これで一旦は事態が鎮静化した。同年六月三〇日には、チャワリット・ヨンチャイユット首相（当時）がヘッジファンドに対して勝利宣言（通貨の切り下げはしないとの声明）を出している。

しかし、その直後に再びヘッジファンドによる大規模な空売りが始まった。最終的にタイ中銀が保有していた三八〇億ドルもの外貨準備が底を尽き、同年七月二日にタイは変動相場制への移行を余儀なくされている。変動相場制へ移行した後も信用が失墜したバーツは売られ続け、約四ヵ月間で四〇％も暴落した。そしてタイの株価インデックス時価総額指数（ＳＥＴ指数）は、一九九八年には一九九四年の史上最高値から一〇分の一の水準にまで下落している。

バーツ危機は即座にアジア各国へ伝染した。タイを皮切りにアジア各国から続々と資金が流出、ＩＭＦ（国際通貨基金）によるとその総額は一〇五〇億ドルにのぼる。通貨の暴落が雪崩のように起き、インドネシア・ルピアが八五％、韓国・ウォンが五〇％、マレーシア・リンギットが四〇％、フィリピン・ペソが四〇％、シンガポール・ドルと台湾・元がそれぞれ二〇％の下落を記録した。

しかも通貨危機だけではすまず、アジア各国の銀行は外貨建てで借り入れを行なっていたために自国通貨の下落によって外貨建て債務が激増してしまった。そして、多くの融資が不良債権化した。結果的にアジア各国の銀行は著しい流動性不足に陥り、通貨危機は瞬く間に金融危機に発展したのである。

最終的に、とりわけ深刻なダメージを負ったタイ（バーツ危機）、インドネシア（ルピア危機）、韓国（ウォン危機）の三ヵ国は、ＩＭＦの管理下に置かれることになった。影響はアジアだけに留まらず、世界的に新興市場への不安感が醸成され、一九九八年のロシア財政危機、一九九九年にはブラジル通貨危機を誘発している。ここ日本でも融資の焦げ付きが多発し、一九九七年には拓殖銀行が都市銀行として初めて破綻し、山一證券も自主廃業、三洋証券やヤオハン・ジャパンなども破綻の危機に瀕した（平成金融不況）。

これら一連のきっかけを作ったとされるソロスに、マレーシアのマハティール首相が激怒。ソロスを名指しで、アジア危機を引き起こそうとするユダヤ人の陰謀の首謀者と非難したのだ。これに対しソロスは、マハティール首相こそが「マレーシア自体に対する脅威」（フィナンシャル・タイムズ二〇一七年七月四日付）だと反論している。しかし後日、二人は和解したという。

アジア通貨危機の頃から、大きな経済的イベントにヘッジファンドが関わることが珍しくなくなった。彼らは危機のきっかけを作るだけでなく、危機やバブルといったトレンドを増幅させる役目も担っている。どんな手法でも用い、絶対的に収益を上げようとする姿勢から、彼らが〝ハゲタカ〟と揶揄されることもしばしばだ。米プリンストン大学のポール・クルーグマン教授やハンガリーで右派政権を率いるオルバン・ヴィクトル首相など、ソロスの姿勢を批判する者は珍しくないが、それでも多くのメディアがソロスの一挙手一投足を報じ、ソロスが発言するだけで世界中に波紋が広がる。

今でこそヘッジファンドやグローバル・マクロは危機の時代を迎えているが、ソロスの影響力は低下することはなく、二一世紀に入っても健在だ。むしろ、指針なき時代に影響力は増しているとも言える。

では、今世紀のソロスの動向について紹介して行きたい。

日本円の雪崩（暴落）を警戒

「ソロスは避けられない状況を捕らえて動く」（中央日報二〇一三年四月三〇日付）――著名な投資コンサルタントであるピーター・バーンスタイン氏は生前にソロスをこう評した。タイ・バーツ危機の際も、当時米ドルにペッグしていたバーツ相場がバブル崩壊により「固定相場制を放棄せざるを得ない状況に直面する」（同前）とソロスが判断したという。およそ一二〇億ドルという巨額の資金を用意し、外国為替市場でタイ・バーツを売り浴びせた。
不気味なことに、豊富な実績を有するソロス氏は、英ポンド危機とバーツ危機に続く「避けられない局面」が日本市場にも接近していると警告している。これはまだ具現化していないが、ソロスが恐れているのは日本円が崩壊するという局面だ。実際、政府と日銀が異次元緩和を打ち出した二〇一三年四月に米CNBCへ出演した時、ソロスは日本経済に対しこのような警告を発している
――「円が雪崩のように暴落しかねない」（中央日報二〇一三年四月三〇日付）。
ソロスは「安倍首相と黒田東彦日本銀行総裁が最近していることは危険なことこの上ない」（同前）とアベノミクスを痛烈に批判し、「日本は二五年間、経済を前進させられずに赤字を積み上げるだけだったため、日本が行っていることは実際のところ非常に危険だ」と発言。CNBCのインタビュアーが英ポンド危機を引き合いに出し、「イングランド銀行の次は日銀を崩壊させるのですか?」と尋ねると、あざ笑いながらこう答えた――「日銀こそが（日本を）崩壊させたいと思っているのでしょう」。

日本円の崩壊はまだ現実化していないが、二〇一二年一一月から二〇一三年二月にかけて日本円の急落に賭けた投資が奏功し、一〇億ドルものリターンを上げている。

二〇一二年一〇月、ソロスに負けず劣らず賢明な投資家が市場調査のため日本へ降り立った。それから三ヵ月後、この投資家はウォール街で絶大な注目を集めることになる。投資家の名はスコット・ベセント。ベセント氏はソロス率いるソロス・ファンド・マネジメントで最高投資責任者（ＣＩＯ）を務めていた。「（中長期的な）円安は避けられない」と考えていたベセント氏は、二〇一一年頃から円を売り持ちにする機会を伺っていたといい、その時の訪日はその時期を見計らうためである。

ベセント氏が目の当たりにした光景は、日銀法の改正すら視野に入れて円安誘導をもくろむ次期（安倍）政権の姿であった。円安の到来を確信して帰国したベセント氏は、早々に円安を見込んだ取引に着手する。そして選挙情勢が判明していくにつれ、取引の量を増やして行った。この賭けはみごとなまでの成功を収めている。二〇一三年二月中旬頃までにベセント氏が叩き出し含み益は、およそ一〇億ドル（一二〇〇億円）。さらには、日本株の保有で二億ドル（二四〇億円）の利益を上げた。

余談だが、ソロス・ファンド・マネジメントの他にもデービット・アインホーン氏のグリーンライト・キャピタル、ダニエル・ローブ氏のサード・ポイント、カイル・バス氏のヘイマン・キャピタル・マネジメントといった複数のマクロ系ヘッジファンドが、この期間の円下落に乗じて莫大な利益を上げている。アインホーン氏とバス氏は、サブプライムバブル崩壊で利益を上げたことでも有名だ。また、この二人は将来的な日本売りを公言している。

ちなみにこの円安で莫大な利益を上げたベセント氏は、自身のファンドを立ち上げるために二〇一五年にソロス・ファンド・マネジメントを退社している（ベセント氏の退社が二〇一六年のソロス復帰につながったようだ）。

ソロスが今現在も日本円の崩壊を予想しているかは定かではないが、ソロスのブレーンには公然と日本政府に財政ファイナンスを導入するよう求める者がいる。これは、不気味な兆候だ。その人物とは英国のアデア・ターナー卿で、前のＦＳＡ長官である。ＦＳＡとは日本での金融庁を指す。そして、世界中の政府に金融政策の助言を行なっているターナー卿の金主は、ソロスである。

ソロスが全面的に活動をサポートしているターナー卿は、二〇一三年に香港で開かれたカンファレンスで次のような発言をしている——「日本の国家負債は、通常の方法では返済されない。日本政府が稼いだ収入から借金を返済すると皆さんが思うなら、その可能性はゼロだ。この負債はマネタイズド（債務の貨幣化）されるかリストラクチャ（再編）される他ない。それは高インフレによってオフセット（相殺）される可能性がある。それはつまり日本国債を買っている人はインフレ率に照らして逆ザヤになることを意味する」。このように、公然と日本政府が財政ファイナンスに走るとの見解を示したのだ。

そんなターナー氏は二〇一六年五月二日、今度は日経ビジネス・オンラインで「日本はヘリコプター・マネーを本気で検討せよ」と説いた。そう、彼は確信しているのだ、「日本政府に残された道はインフレしかない」と。そして、その指摘はおそらく正しい。そう考えると、日本円は長期的に見て大幅に切り下がるというのが自然だ。ソロスは最近でこそ日本円に関して声明を出していないが、日本政府にインフレ・タックスを推奨しているターナー卿の金主がソロスだという意味を、私たちはよくよく理解しておく必要がある。

ちなみにそんなソロスとターナー卿に対し、日本の麻生太郎財務相は二〇一七年三月九日の参議院財政金融委員会で次のように痛烈な批判を展開した――「ジョージ・ソロスなんという何となく怪しげなおじさんが（中略）、これはいい話、ヘリコプター・マネーの話ですよ、簡単に言えば。（中略）この内閣では、少なくとも私がいる間はそんないい加減な話（ヘリコプター・マネーのような状態）にならないことだけは保証します」（参議院会議録情報）。そして、ターナー卿からもらった『債務、さもなくば悪魔』というヘリコプター・マネーに関する本を「読む意味がない」と断じている。

中国経済を悲観視

「世界の市場は二〇〇八年のような危機に直面しており、投資家は大いに用心する必要がある」（二〇一六年一月七日付米ブルームバーグ）――ソロスは二〇一六年一月七日にスリランカのコロンボで開催された経済フォーラムでこう警告を発した。同氏は少なくとも二〇一三年以降、中国経済に対する悲観的な見方を強めている。

ソロスの見立ては、中国が新たな成長モデルを見つけるのに苦戦しているため、中国経済の調整が長期化するというものだ。二〇一八年現在、中国経済は投資主導の成長から消費主導の成長へと構造調整の段階にある。ソロスの主張は、その過程で危機が起きるというものだ。

ソロスはかねてから、「中国のシャドーバンキングの急激な成長には、二〇〇七年～二〇〇八年の金融危機を引き起こした米国のサブプライム住宅ローン市場と気になる類似性がある」と発言してきたが、現実にはいまだ中国のシャドーバンキング（銀行ではない証券会社やヘッジファンドなどの金融機関が行なう金融仲介業務）は破綻していない。しかし、中国のシャドーバンキングは銀行システムを着実に蝕み始めている。銀行による理財商品（元本保証のない高利回り金融商品）の発行が、加速度的に増加しているのだ。

現在の中国では、預金を融資に回したり手数料で収益を稼ぐという従来型の銀行業が苦戦に陥っている。そのため、高金利の理財商品を投資家に売り、その資金をそれ以上の金利で貸し出す銀行が後を絶たない。もちろん、これは簿外融資（シャドーバンキング）だ。貸し出し先も通常では融資の対象にはならない危険な企業であることも多い。

こうした行為は、特に中小規模の銀行で横行している。当局によると、中国の銀行の不良債権比率は二〇一七年六月の時点で五・三％だ。しかし、かつて英フィッチ・アンド・レーティングスに在籍していたシャーリーン・チュー氏は二〇一七年の夏に出したレポートで、実際は中国の不良債権比率が三四％

ル（額にして七・六兆ドル）に達すると試算している。これは、日本の不動産バブルや米国のサブプライムバブルの時よりも深刻な数字だ。

二〇一七年四月三日付の米ウォールストリート・ジャーナルも次のように警鐘を鳴らす。「（中国の銀行の）多くはリスク資産を抱え込んでいる上、バランスシートでは説明がつかなくなっている。米投資銀行が危機以前、簿外のデリバティブ（金融派生商品）などの商品をまとめて証券化・販売していたのとそっくりだ。この『中国版』が構造問題化している。多くの企業が銀行融資を投資商品への再投資に回しているが、これら商品も銀行が発行したものだ。つまりカネが銀行システムを不毛に回っているだけ、ということになる」。

推定八兆ドルにのぼるとされる中国のシャドーバンキング市場は、相当に複雑化している。そもそもシャドーバンキングは、金融当局の監視が行き届かない。そのため、デフォルトとなった場合に「利害関係者の誰が損失を被るのか」という点が曖昧であることも少なくない。今はまだファイナンスできているからよいが、一度でも発行規模の大きな理財商品がデフォルトとなれば瞬時に影響が広範囲へと及ぶ恐れがある。そう、リーマン・ショックの時のように。

ソロスは、二〇一三年頃までは中国経済を楽観視していた。その当時から話題をさらっていた中国のシャドーバンキング問題に対しても、「当局（中国共産党）にはシャドーバンキングをコントロールするための時間が一、二年あるだろう」（米ブルームバーグ二〇一三年四月八日付）と指摘しており、当局が危機を認識していることを評価していたのである。ところが、同氏は二〇一四年に入ると「中国が世界経済の最大リスク」（二〇一四年一月七日付米ウォールストリート・ジャーナル）とスタンスを変えた。中国共産党の経済改革および政治改革に、進展が見られなかったことを理由に挙げている。

そして二〇一五年五月、ソロスは世界銀行のブレトンウッズ会議で中国経済の失速により第三次世界大戦が起こる可能性に初めて言及した。同氏は中国経済の構造調整が進んでいないとした上で、「中国が輸出主導の経済から内需主導の経済への転換に失敗すれば、中国の指導者は外部との衝突を起こして国内を団結させ、政権掌握を続けようとするだろう。さらに中国と日本など米国の同盟国の間で軍事衝突が起きると世界大戦につながりかねない」（レコードチャイナ二〇一五年五月二四日付）と警告。「我々は第三次世界大戦の入り口にいる」と断じ、参加者を震撼させたのだ。

ソロスは実際に、中国の人民元を空売りするなど行動を起こしている。その投資は依然として報われていないが、ソロスの目に映る中国経済はいまだに危険であるはずだ。一方の中国共産党は、元安観測をはじめとした中国経済に関する悲観論を沈静化させることに必死となっている。

二〇一六年一月二六日付の人民日報は、中国のハードランディングを予想したソロス氏を名指しで批判、「ソロス氏の元と香港ドルへの挑戦が成功することはないだろう。そこに疑いの余地はない」と断じた。また翌日付の中国国営新華社通信も、元の空売りを仕掛ける海外投資家は「勉強不足」だと一蹴し、悲観論を展開するソロスを「半分の目が見えていない」とまでこき下ろしている。

国家から敵視されるソロス

本章の冒頭で述べたように、ソロスは二〇一六年末から二〇一七年にかけて多額の損失を出した（その後、米国株の上昇にベットしてリターンを上げたと報じられている）。他方、かねてから予告していた中国経済の崩壊も日本円の暴落も現実のものとなっていない。

ソロスの短期的なものの考え方はコロコロ変わるため、今現在、彼が何を考えているのかはわからないが、世界経済の先行きを悲観視していることだけは確かだ。おそらく中国経済の崩壊も日本円の暴落も、ソロスは（発言のタイミングが）時期尚早だったに過ぎないと考えていることだろう。依然として、それらのイベントはいつか必ず起こると予想しているはずだ。

そして最近のソロスは、活動の軸足を慈善の方にシフトさせ始めている。二〇一六年末には、「欧米諸国が目指していた開かれた社会が失敗に終わり、民主主義が危機に瀕している」と警告、危機感から二〇一七年には自己資金の約一八〇億ドル（約二兆円）を自身の慈善団体「オープン・ソサエティ（開かれた社会）財団」に移管したと報じられた。これにより、同財団は米国でビル・ゲイツ氏の財団に次ぐ規模となっている。

「八七歳のソロス氏はこれまでずっと熱心な慈善家であり続けてきた。ソロス氏は独裁主義に立ち向かうため一九七九年に財団を創設し、南アフリカのケープタウン大学の黒人学生や、海外留学を目指す東欧の反体制派の学生に奨学金を給付してきた。一九八四年には母国ハンガリーに支部を構え、八〇年代後半に同国の共産主義体制が崩壊し始めると、東欧の市民団体への支援を強化していった」（英ロイター二〇一七年一〇月一七日付）。

米国でトランプ大統領が誕生してからは、同財団の米国での活動が増えているという。というのも、ソロスはトランプ大統領が大嫌いだ。選挙中は民主党（ヒラリー・クリントン陣営）に多額の献金をし、トランプ氏を「ペテン師」や「独裁者になり得る男」と痛烈に批判した。それゆえ、トランプ大統領をはじめ共和党（保守派）陣営からは敵視されている。ちなみにソロスは、ジョージ・W・ブッシュ元大統領からも敵対視されていた。

近年では母国のハンガリーからもソロスは敵視されるようになっている。もっぱらの原因は、ソロスが欧州における移民の受け入れ拡大を支持しているためだ。ハンガリーのオルバン首相はソロスの批判キャンペーンを展開、「最後に笑うのはソロス氏であってはならない」と書かれソロスの顔が大きく掲載されたポスターを街の至るところに貼り、市民にアピールした。複数のユダヤ団体が反ユダヤ主義を煽るとして撤回を求めたが、現地ではポスターに「臭いユダヤ人」などという反ユダヤ的な落書きが後を絶たないという。時を同じくして、ハンガリー議会はソロスが一九九一年に創設した中央ヨーロッパ大学を閉鎖に追い込みかねない法律を可決した。

大げさではなく、現在のソロスは世界中から敵視されている。特に保守派や独裁的な体制からだ。一方のソロスは現在の世界を、かつて自身が過ごした時代に重ね合わせている。自由が、いとも簡単に踏みにじられる世界だ。ソロスに言わせると、資本主義も民主主義も過渡期にあり、下手をすると両方とも破滅を迎える。

二五年に及ぶスーパー・バブルが弾けた二〇〇八年こそが転換点だったとするソロスの持論は、「割れた卵は戻らない」。中央銀行による大規模な資金供給によって恐慌の再来こそ免れたが、ソロス氏に言わせると金融緩和政策は生命維持装置でしかない。同氏は、「中国の信用バブル崩壊」「ユーロ圏の解体」「日本円の崩壊」という中長期的なテール・リスクを気にかけている。

かつて、ソロスは「ありとあらゆる矛盾は、一度極限まで行く」と語った。私たちはその過程にいるのかもしれない。そして、ソロス本人が市場のゆがみを見つけ出し、大胆な売りポジションを持つ日が再びやってくるだろう。

投資において、悲観的な意見を聞くのはとても重要だ。売りについては、タイミングさえ誤らなければ莫大なリターンを短期間のうちに上げられる。ソロスのようにカンを養うのは容易ではないが、優れたテクニカル分析などを用いれば、相当の確度で相場の転換点を予測できることだろう。

第三章　「カギ足」によるトレンド分析

凡人が激動の時代を生き抜くためには

群雄割拠の戦国時代、いかに勇猛果敢な将であっても、また莫大な富を持つ者であっても、それだけで戦に勝ち、また生き残っていくことは難しかった。大きな力や財を持つことは勝利の条件となりうるが、勝利の本質的な条件ではないのだ。重要なことは、時流を読み、敵を知り、己を客観的にとらえ、適切な判断を下すことだ。

株の世界も、戦国の乱世さながらである。もっとも重要なことは、トレンドを読み、投資家心理を知り、自分の投資スタンスや心理的傾向を客観的にとらえることだ。しかも、もっと大切なことがある。それこそ「投資のタイミング」だ。いつ買い、いつ売るのか。戦国の世であればいつ総攻撃をかけ、いつ撤退するのか。そのタイミングの読みを誤れば、軍勢は全滅だ。

しかし残念ながら、大多数の投資家は前章で見てきたバフェット、ソロスのように天才的な投資の才能を持っているわけではない。投資経験を積むことで自分の投資スタンスや心理的傾向を知ることはできても、経済のトレンドや投資家心理をつかむことは、凡人の思考ではまず不可能である。これはすでに行動経済学、心理学の観点でも実証済みの事実である。では「所詮、凡人に株投資で勝つことは無理」とあきらめるのかと言えば、そんなことはない。自分にトレンドをつかむ才能が乏しいなら、経済トレンドや投資家心理をつかむことができる専門家を使えば良いのだ。

では、どんな専門家に頼るのが良いのだろうか。私もこのテーマには長年関心があり、実に様々な経済評論家や国内外の投資家、そして時には伝説の相場師と言われる人にも会ってその極意を探ってきた。こうした「投資の達人」達が経済のトレンドをつかむための方法は、大まかに言えば三つの手法に分けられる。「テクニカル分析」「ファンダメンタル分析」「クオンツ分析」だ。いずれも経済トレンドを読み、また個別銘柄の方向性を占う方法である。

「テクニカル分析」は、市場や経済トレンドに潜むパターン性や法則性を分析する手法だ。人間のカンに頼らず、統計的に分析して「勝ちパターン」をつかむやり方で、本当に有効な手法が確立できれば、誰が分析しても同じ結果を導き出すことができる。投資の天才でなくても勝つことができるのだ。

こうした理由から、古今東西実に多くの手法が開発されてきたが、一時的に効力を発揮することはあっても、永続的に有効な手法は確立されていない。実際のところ、既存のテクニカル分析で長期的に市場に勝つことはほとんどできない。これは、分析手法自体の問題というより、市場は参加者全員が勝てるようにはできていないという、原理的な理由だ。普遍的に勝てる武器がないように、普遍的に勝てるテクニカル分析というものもないのである。

ただ、一部例外もある。人にほとんど知られていない手法や、あるいはかつては使われていたが現在は使われていない手法のうちのいくつかは、実は高い勝率を誇っているという事実がある。ある意味、知られておらず他の誰も使っていないからこそ高い勝率を維持できているのである。

一方「ファンダメンタル分析」は、企業業績や市場平均、各種経済指標や政財界の要人発言など、株価に影響する様々な情報を元に分析を行なうものだ。前章までの二人を含め、投資の天才たちはその多くが独自の手法を確立しているが、大別すればファンダメンタルな分析手法を主軸としている（ただし、昨今ではテクニカル分析や統計的手法を織り交ぜることも多い）。多くの証券会社でも、「証券アナリスト」などの肩書を持つ専門家がこうした分析を元に市場予測や有望銘柄の推奨を行なっている。

しかし、ファンダメンタル分析で成功をおさめた投資家は、実際のところ本当に一握りしかいない。これもテクニカル分析と同じ理由だが、テクニカル分析以上に難しいのは、非常に属人的であるという点だ。テクニカルな手法は人が手を入れない限り変化しないが、人間は変化して行く。感情があり、過去の経験に驕って再起不能の失敗を犯したり、また巨富を築いて市場への情熱を失うこともある。ファンダメンタル分析の専門家を選ぶということは、「人」を選ぶということであり、その人となりも評価しなければいけないという意味では、もっとも難しい選択と言えるだろう。

「クオンツ分析」は、金融工学やコンピュータを駆使した比較的新しい分析手法だ。米ソ冷戦の終結やNASAのリストラなどで一九八〇年代後半以降、多くの科学者が金融界に流れ込み、市場分析手法に革命をもたらした。その流れは、現在では一つの流派を形成している。人間の計算能力をはるかに超えるコンピュータの処理能力によって市場に潜む収益機会をあぶり出し、高い確率で勝利をつかむ手法と見られている。

しかし、そのクオンツ分析とて万能ではない。その最たる失敗例が一九九八年に破綻したロングターム・キャピタル・マネジメント（LTCM）だ。ノーベル賞科学者による「ドリームチーム」が開発した手法を用い、九〇年代半ばに鳴り物入りで市場に参入したが、わずか数年で大惨敗を喫したのである。

ロシアの財政危機がきっかけと言われているが、クオンツ分析によると実はロシア財政破綻は、一〇〇万年に三回の確率でしか起きない計算だった。つまり、ロシア破産はほとんど起こらないと計算し、それに基づいたポジションを取っていたのだ。しかし、ロシアは一〇〇万年どころかたった数年で破産し、ファンドも吹き飛んだ。市場は、ノーベル賞級の科学者チームですら計算不能なほどの不確実性に満ちていたのである。

こうして見てみると、結局のところ市場で必ず勝てるという方法は「ほとんど」ないというのが結論になる。しかし、この「ほとんど」というところがミソである。世の中には、株で勝ち続けるバフェットやソロスのような人が確かに存在するのだ。

それだけではない。有名ではないものの、密かに地道に実績を上げ続けている人もいるのだ。私は長年、そうした人に出会う機会をずっと探していたのだが、実は私の大事な人脈の一人がまさにそういう成果を積み上げている極めて優秀な「分析家」であったのだ。

「カギ足」があぶりだす経済トレンド

シンガポール在住の日本人である川上明氏は、「カギ足」による経済トレンド分析の専門家である。一九八〇年代からチャートのテクニカル分析を行なってきた筋金入りのプロだ。カギ足という手法については第四章で詳しく触れるが、結論から言えば、私は川上氏のカギ足分析に重大な関心と信頼を寄せている。

その理由は二つある。一つ目は、当然であるが氏の予測精度が驚愕すべきものだからだ。一例をあげると、日経平均先物をカギ足で分析し売買した結果、一九八九年から二〇一七年までの二八年間で、年平均利回り一八・六七％という驚くべき結果を出しているのだ。しかも、現在の「アベノミクス相場」のような好条件下ではなく、九〇年のバブル崩壊以降、「失われた二〇年」で右肩下がりに沈んだ日本の株式市場においての結果である。これだけ長期に亘り、一般的には厳しいと予想される日本株でのこの成果は、氏の手法が「まぐれ当たり」などではなく、ホンモノであることを示す一例だろう。

そしてもう一つは、世界と日本の経済が今後どう動いて行くか、私が様々な情報を駆使して立てている見通しと氏の見通しが非常に近いということだ。川上氏は、「カギ足の分析において、ファンダメンタルな材料は判断の妨げになるだけ」として、新聞やテレビのニュースを一切見ないという。私とはまったく逆のアプローチを取っているにも関わらず、氏の市場見通しは私の見立てと非常に近いのである。これは、極めて興味深いことだ。相場が人間の心理によって動くことを考えれば、景気動向や事件、ニュースなどが人の心理に影響を与え、相場にもその動きが現れるというのは十分にあり得ることだろう。

そこで、その川上氏にここ一〇年前後の主要な市場でのカギ足での分析結果に基づいて、今後の見通しを占ってもらった。この情報だけでも値千金というべきものなので、じっくりと読み進めて理解を深めて欲しい。

相場変動のサイクル

「キチン」「ジュグラー」「クズネッツ」「コンドラチェフ」――経済学を学んだことがある読者はよくご存じだろう。代表的な景気循環の名前だ。もっとも大きなサイクルが「コンドラチェフ循環」で約五〇年、もっとも小さいものが

「キチン循環」で約四〇ヵ月のサイクルとされる。在庫投資や建築物の需要、技術革新などがそれぞれの景気循環を生み出すとされ、当然こうした景気循環は株価や商品、金利の動向にも影響をおよぼす。

川上氏は、「株・商品・金利には独自の六〇年サイクルが存在する」と指摘する。一〇六〜一〇七ページは過去一二〇年分の日本の株価の大まかな推移をまとめた図だが、「上昇＋下落」の一サイクルが大体六〇年になっていることがわかる。こうした大きなサイクルを知り、現在がそのどのあたりに位置するのかを意識することが極めて重要となるのだ。

実際には、こうした大きな循環の他に中期、短期での「上昇＋下落」サイクルも存在する。それゆえ、経済トレンドの予測は一筋縄では行かないのだが、実はカギ足を利用するとこうしたサイクルに特徴的なパターンが見て取れるのだと川上氏はいう。

たとえば上昇相場において、単調に上昇して行くということはあまりなく、「大きい上昇＋小さい下落」を繰り返しながら上がって行くことが多い。中でも典型的なのは「三段上げ」で、「大きい上昇＋小さい下落」を三回繰り返すというものだ。もちろん、二段で終わる場合も四段まで伸びる場合もあるが、経験的には六割程度が三段上げ、二段と四段は二割ずつだという。

こうした統計的なパターン性、法則性を元にカギ足を見て行くと、現在が長期・中期・短期でどの局面にあるのかがわかるだけでなく、ある程度の未来予測すら可能になるのである。

日経平均は長期大上昇⁉

では、ここからは実際の主要市場のこの一〇年の分析結果と、そこから導き出される今後のトレンドについてそれぞれ見て行きたい。まずは日本株から見て行こう。

二〇〇〇年代初頭のＩＴバブル崩壊以降低迷していた株は、サブプライムバブルの追い風を受けて、二〇〇七年七月九日に一万八二六一・九八円という二

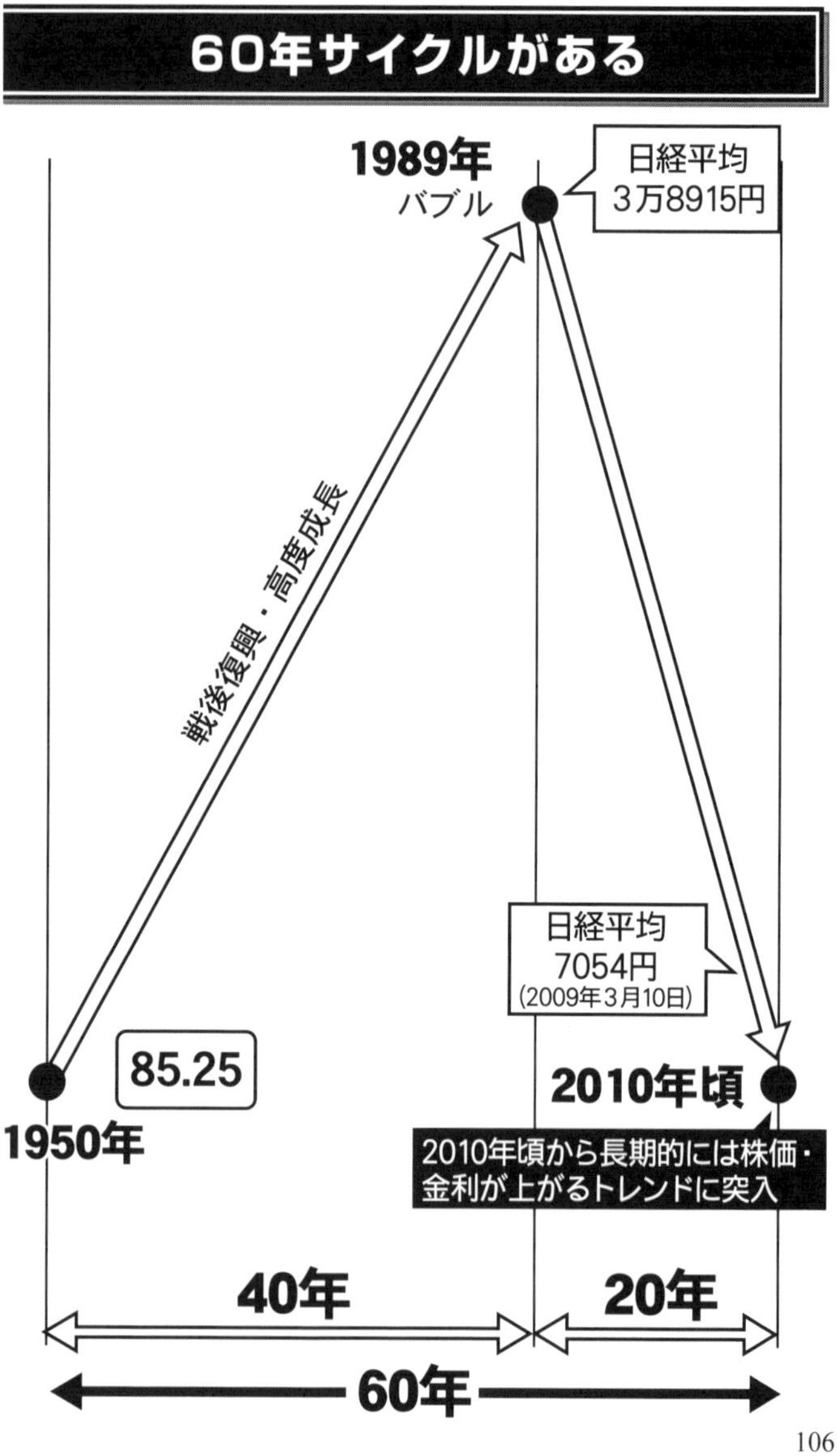

60年サイクルがある
1989年
バブル
日経平均
3万8915円
戦後復興・高度成長
日経平均
7054円
(2009年3月10日)
85.25
1950年
2010年頃
2010年頃から長期的には株価・金利が上がるトレンドに突入
40年
20年
60年

株・商品・金利には

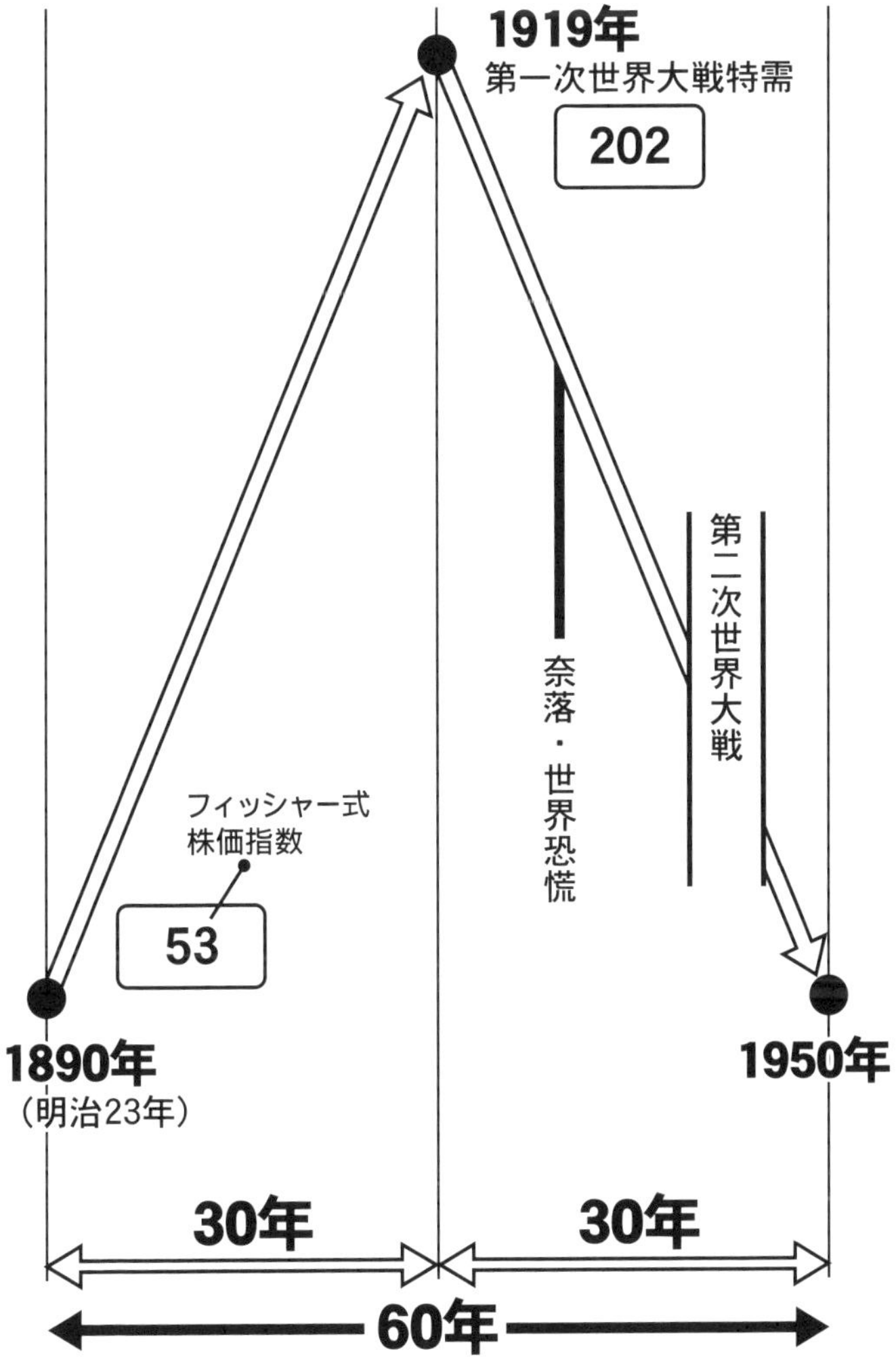
1919年
第一次世界大戦特需
202
奈落・世界恐慌
第二次世界大戦
フィッシャー式
株価指数
53
1890年
（明治23年）
1950年
30年
30年
60年

〇〇〇年代の最高値を付けた。その後、サブプライム問題の浮上とリーマン・ショックによって、二度に亘る大幅な下落サイクルに突入し、二〇〇九年三月一〇日に七〇五四・九八円という大底を打った。ここからの日経平均の値動きをカギ足分析の視点で解説するとこうなる。一一〇〜一一一ページの図も参照しながら、その推移を追いかけてみて欲しい。

■上昇サイクル①

二〇一〇年四月五日の一万一三三九円まで上昇（上昇1）、その後二〇一一年一一月二五日の八一六〇円までが調整（調整1）で一サイクルになっている。次の波動（上昇2）が二〇一三年一二月三〇日（一万六二九一円）となり、その調整（調整2）が二〇一四年四月の一万三九一〇円だ。そして、いよいよ三度目の波動によって、二万円の大台を突破することとなる（二〇一五年六月二四日 二万〇八六八円）。

経験則的に、上昇サイクルは三段上げとなることが多いが、この時期の値動きはまさにその形となった。ファンダメンタル的に解説するなら、金融危機後に売られ過ぎた株が回復基調に乗った後、アベノミクス相場で大きく株価を伸ばしたというところか。しかし、テクニカルの観点ではそうした政策が株価を押し上げたというより、市場心理が上昇を志向していた、という理解になる。

■下落サイクル①

そしてその後、やはり経験則通りに株価は下落トレンドに転換することとなる。二〇一五年九月二九日に一万六九三〇円まで下落した後（下落１）、二〇一五年一二月一日には再び二万円台を回復（二万〇〇一二円）する（戻り１）が、市場は下落トレンドのため二〇一五年六月の高値は更新できなかった。再び市場は下落し、二〇一六年二月一二日には一万四九五二円（下落２）を付けた後に二〇一六年四月二二日に一万七五七二円まで回復している（戻り２）。さらに二〇一六年六月二四日には一万四九五二円と三度目の下落を見せる（下落３）。だが、やはりこの下落トレンドも三度のサイクルを経て終了することとなる。

中期チャート

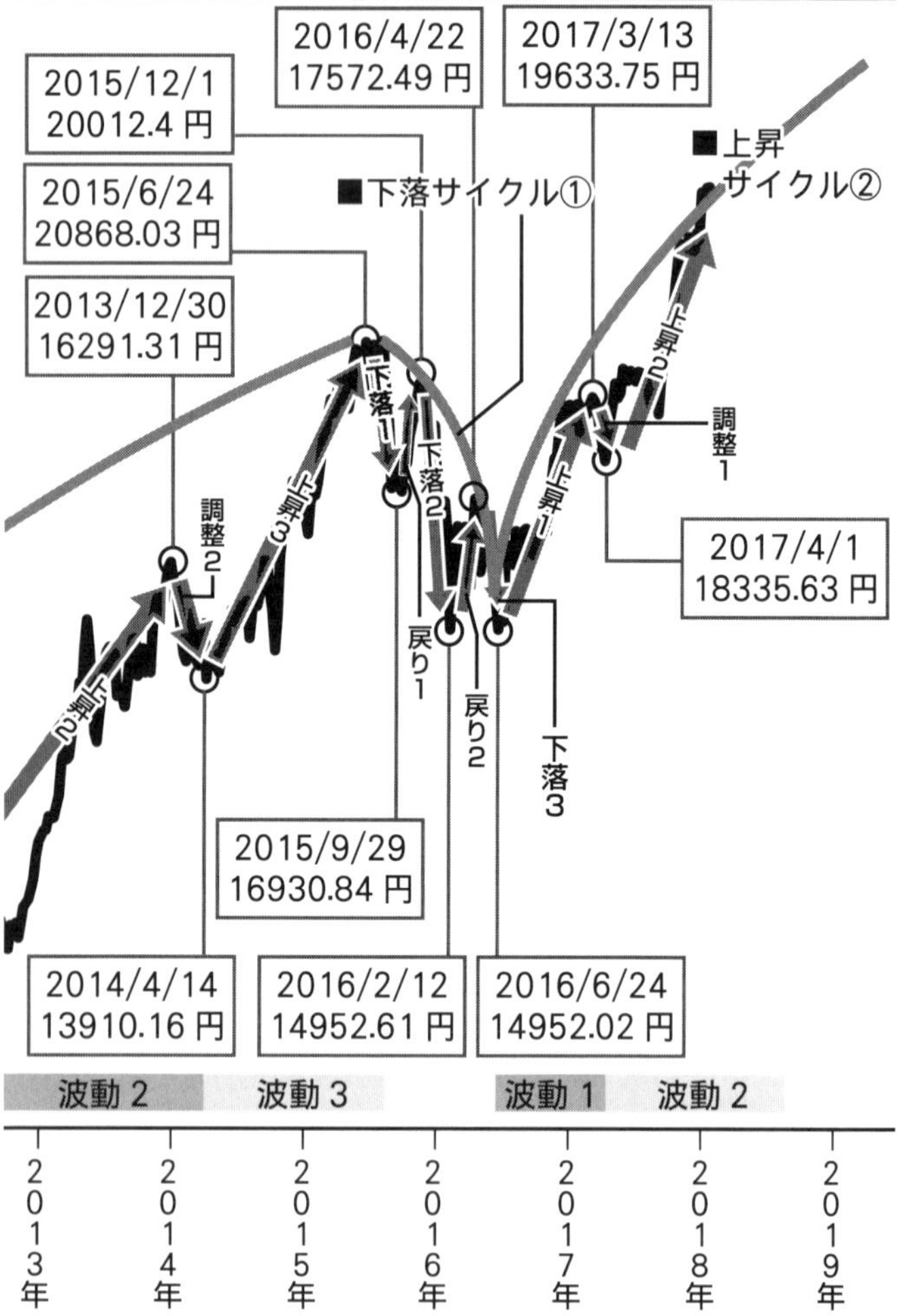

2015/12/1
20012.4 円
2016/4/22
17572.49 円
2017/3/13
19633.75 円
2015/6/24
20868.03 円
■下落サイクル①
■上昇
サイクル②
2013/12/30
16291.31 円
上昇2
調整2
上昇3
下落1
下落2
上昇1
上昇2
調整1
2017/4/1
18335.63 円
戻り1
戻り2
下落3
2015/9/29
16930.84 円
2014/4/14
13910.16 円
2016/2/12
14952.61 円
2016/6/24
14952.02 円
波動 2
波動 3
波動 1
波動 2
2013年
2014年
2015年
2016年
2017年
2018年
2019年

日経平均株価

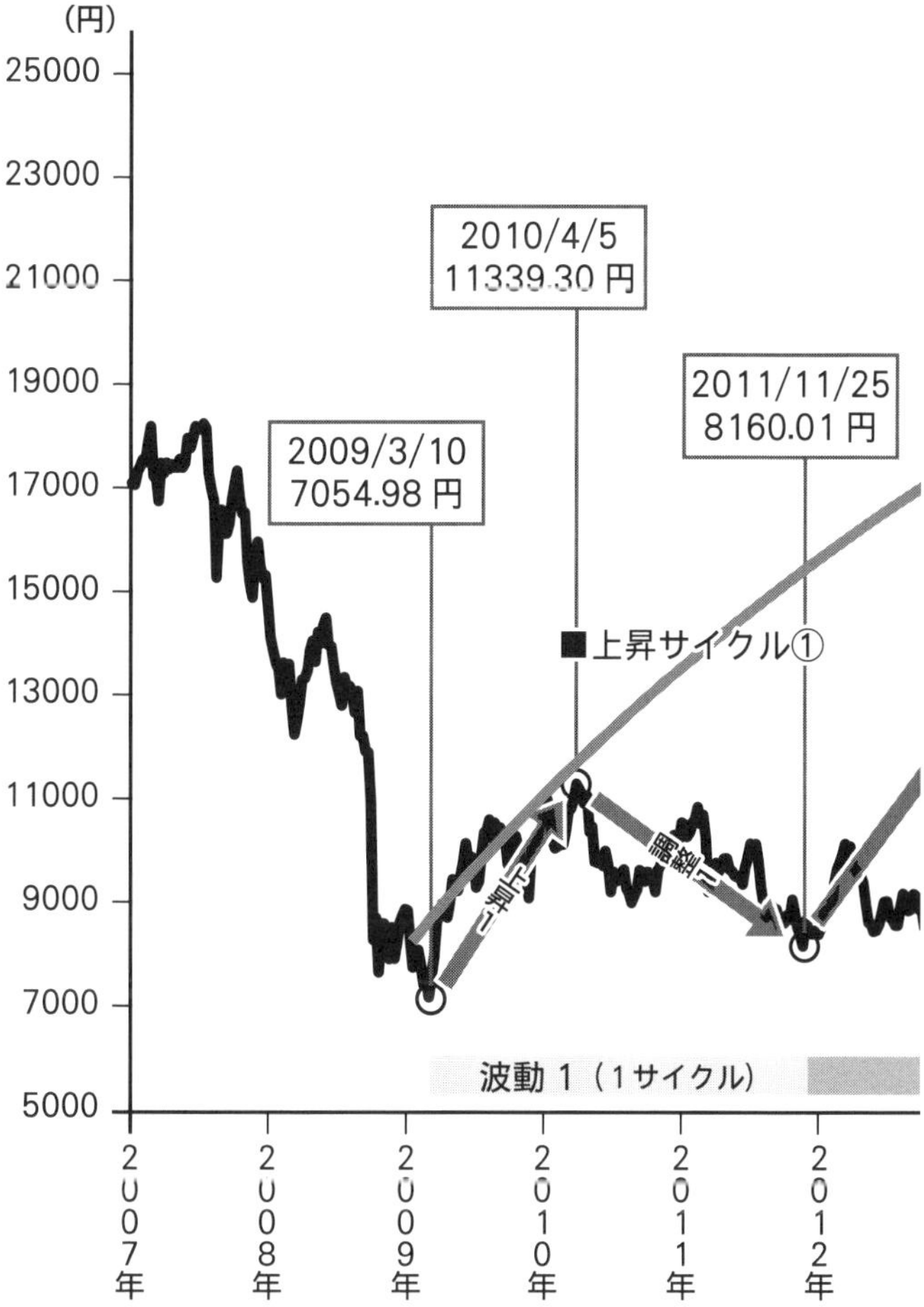
(円)
25000
23000
21000
19000
17000
15000
13000
11000
9000
7000
5000
2009/3/10
7054.98 円
2010/4/5
11339.30 円
2011/11/25
8160.01 円
■上昇サイクル①
上昇！
調整！
波動 1（1サイクル）
2007年
2008年
2009年
2010年
2011年
2012年

■上昇サイクル②

この後市場は二〇〇九年の大底以来、中期レンジでは再度の上昇トレンド入りとなる。二〇一七年三月一三日の一万九六三三円までが一つの上昇サイクル（上昇1）、そして二〇一七年四月一四日の一万八三三五円までの調整（調整1）を経て、本稿執筆の二〇一八年一月中旬現在は、「上昇2」というサイクルの真っ只中にある。カギ足分析で日経平均を読むと、このような短期・中期サイクルによって株価が形成されているという読み解きができるのだ。

では、この短期・中期の動きにさらに長期レンジでの株価を織り交ぜて見て行くとどうなるか。一九八九年一二月二九日、ザラバ高値で付いた三万八九五七・四四円が日経の最高値だが、それから一九年三ヵ月をかけて日経平均は段階的に高値を切り下げ、二〇〇九年三月一〇日に七〇五四・五八円という底値を付けた。その後の相場の動きを見れば、この底値は株価変動の六〇年サイクルで言うところの歴史的大底であることは間違いない。

つまり、長期サイクルで考えれば日経平均は約二〇年の下落局面を終え、これから三〇〜四〇年の長期上昇局面入りしているということである。

果たしてこれがどこまで上昇して行くかは断言できないが、前回の長期相場では一九五〇年に一〇〇円割れだった日経平均は一九八九年に三万九〇〇〇円近く、実に四〇〇倍超にまで成長した。となれば、底値の七〇〇〇円が二八〇万円まで伸びる計算になる。さすがにこれは荒唐無稽に見えるが、少子高齢化による国力衰退や莫大な政府債務という要因を加味しても、歴史的高値の三万九〇〇〇円超えは言うにおよばず、どんなに少なく見積もっても一〇万円超えは十分にありうるだろう。

さて、短中期に目を戻そう。大底からの第一の上昇サイクルは七〇五四円から二〇一五年六月の二万八六八円で一旦終了した。六年三ヵ月で一万二八一三円の上昇だ。その後二〇一六年六月に一万四九五二円を付けるまでが下落サイクルで、現在は第二の上昇サイクルの二つ目の波動の真っ只中にいるというわけだ。一月一五日時点の株価は二万三七一五円であり、その直前の上昇波動での上昇幅（四六八一円）を参考にするならば、今回の波動もそろそろ高値調

長期チャート

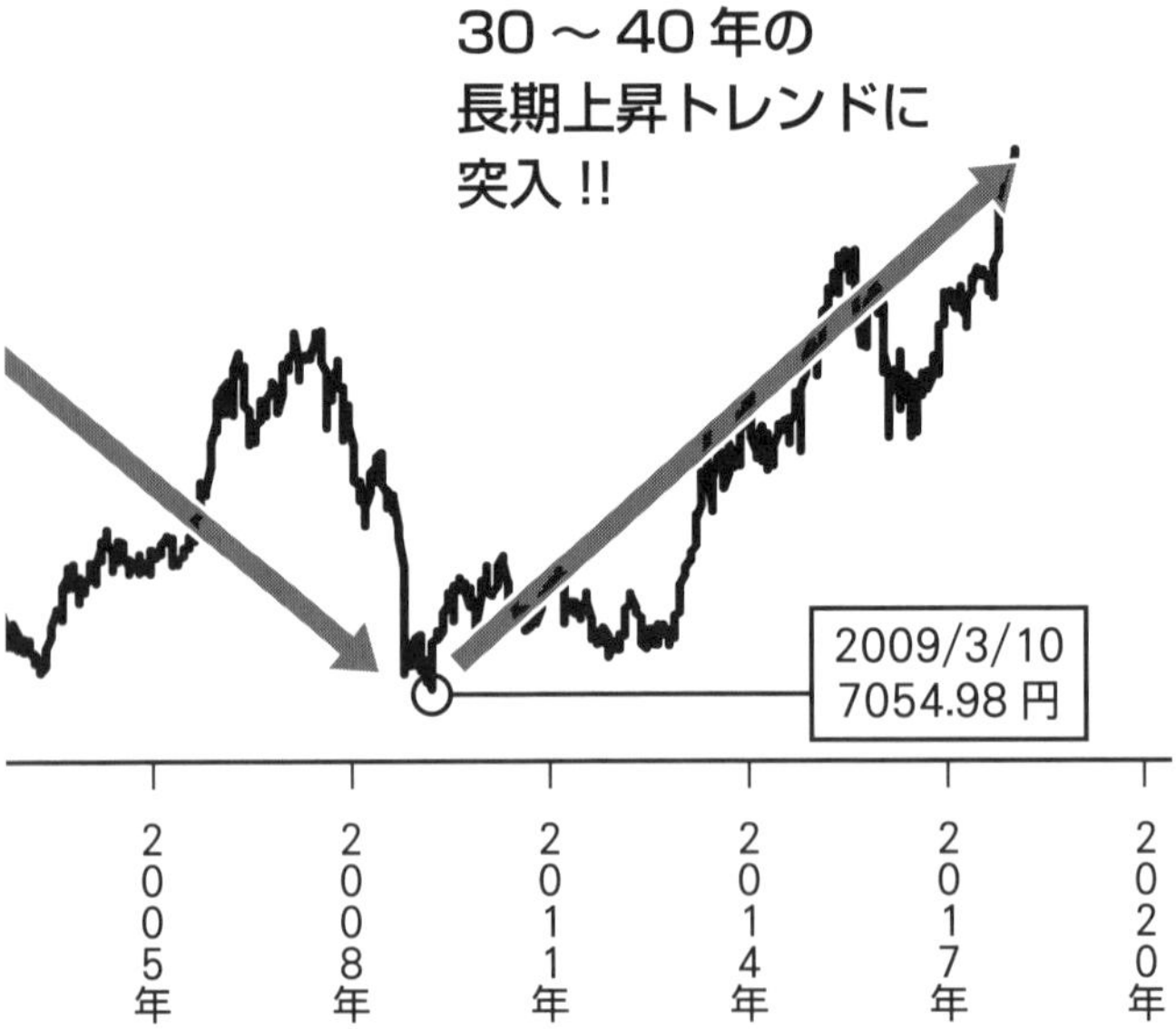

30～40年の
長期上昇トレンドに
突入!!
2009/3/10
7054.98円
2005年
2008年
2011年
2014年
2017年
2020年

日経平均株価

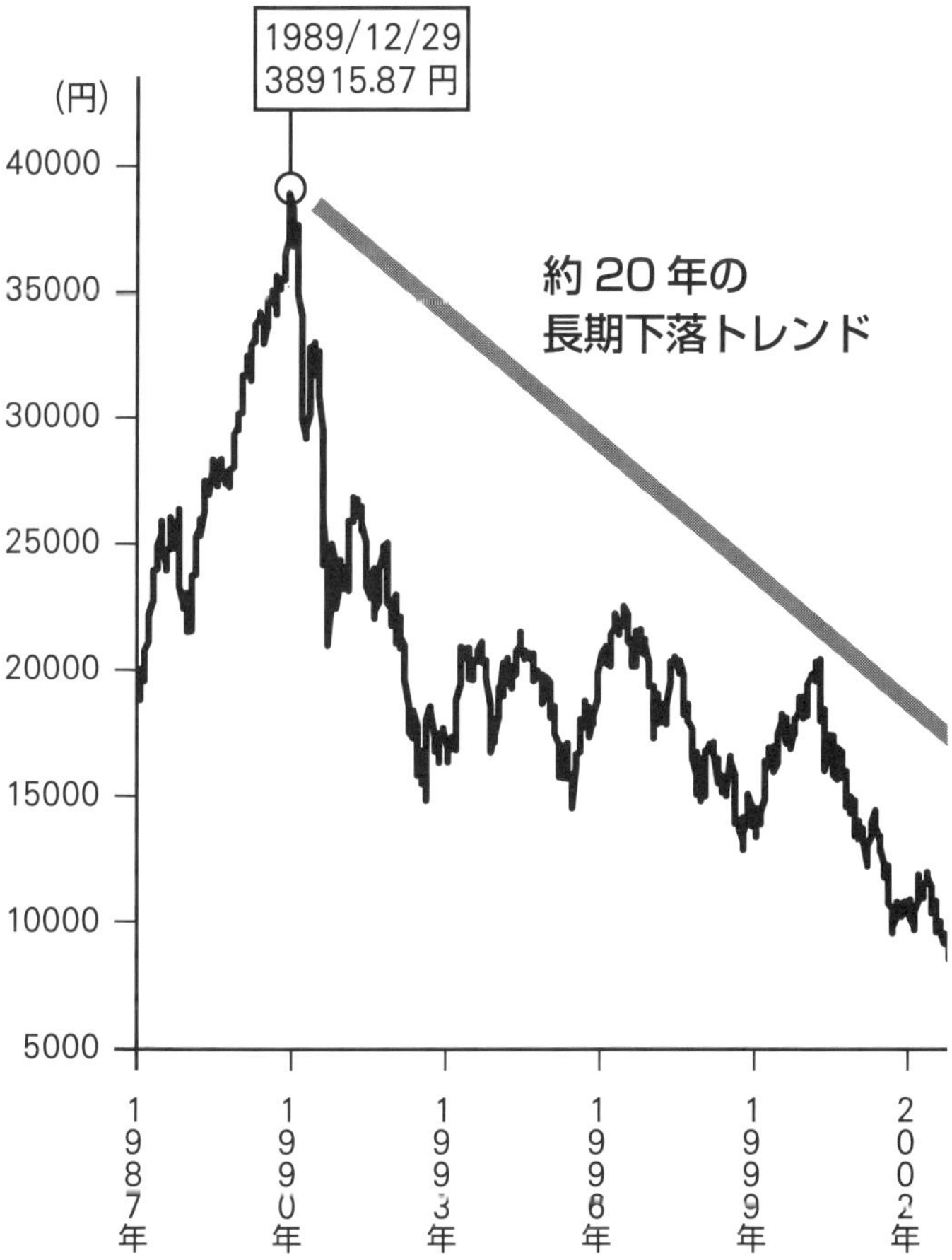
1989/12/29
38915.87 円
(円)
40000
35000
30000
25000
20000
15000
10000
5000
約 20 年の
長期下落トレンド
1987年
1990年
1993年
1996年
1999年
2002年

整《ととの》い入りという見立てができる。

ただ、上昇局面での三段上げを考慮すれば、数ヵ月程度の短期的な調整の後、向こう一、二年程度をかけて三回目の上昇波動が訪れる可能性は高い。その目安は、同じく四六〇〇円程度の上昇を見越せば二万七〇〇〇円前後となる。二〇一七年一〇月に、実に二一年ぶりの高値更新を記録した日経平均において、次に意識される目安は一九九一年三月一八日に付けた二万七一四六円となるが、これともピタリと符合する。

その意味でも、日経平均は向こう一、二年程度を目安として二万七〇〇〇円程度を目指すというのが、カギ足による見立てだ。

もう少し先まで見越してみよう。現在の上昇サイクルが「三段上げ」を達成した後は、下落サイクルに入ることになる。大体二〇一九〜二〇年頃となるが、深刻な政府債務や金融政策の限界、五輪特需の一巡、後述する日本国債や為替の見通しを総合すると、この下落は決して小幅なものではなく、場合によっては「恐慌相場」というべき状態になるかもしれない。二〇一六年の二月や四月に付けた、一万四〇〇〇円台まで下落という可能性すらあるだろう。一万七〇〇〇円超えから見れば、約五〇%の暴落である。

しかしそれで日本株が「終わり」になることは決してない。むしろ、この暴落が底入れした時が、二〇〇九年三月以来の「絶好の買い場」になることだろう。何しろ、日本株の長期トレンドは六〇年サイクルの上昇局面が始まったばかりである。一〇年単位で見るならば、株は大いに強気で良い。

ここで、私の他の書籍を読んでいる読者の方は疑問に思われるかもしれない。日頃から国家破産が到来すると主張し、国家破産対策として株は適切策ではないと言いながら、「株はこれから有望だ」というのは矛盾していないかと。ご指摘はごもっともだが、これは少々意味合いが異なる。国家破産対策は、あくまで資産防衛が主眼である。激動の時代には、おのずと株価の変動も激しくなり、また企業の淘汰も進むため、株式投資は有事の防衛手段としてはリスクが高過ぎるのだ。またインフレ率との兼ね合いで考えると、同様のリスクを取るなら外貨建て資産で運用する方が明らかに有利である。

ただ、高いリスクを承知の上で、生活に支障のない余剰資金を使って日本国内の円建て投資をするなら、日本株の投資は絶好のタイミングである。これは確かなことだ。むしろ、国家破産的な状況に陥るほどに、その後の伸び率は大きく期待できる。

例を挙げると、一九九七年の「ＩＭＦショック」で、韓国は国家破産に匹敵するほどの深刻な経済的打撃を受けた。ＫＯＳＰＩ（韓国総合指数）は、一九九四年の一〇二七ポイントから一九九八年六月一六日には二八〇ポイントの最安値を記録した。実に、七二％超の大暴落である。しかし、二〇一七年の最高値は二五五七・九七ポイントで、約一九年間になんと九・一四倍にもなったのである。つまり、国家破産的状況でも長い目で見れば株式市場は機能するし、大きな伸びしろも期待できる。

さらに、前述したような経済トレンドをきちんとつかんでいれば、その好機をより確実につかむこともできるだろう。来たるべき激動の時代にあって、慎重かつ大胆に行動することができれば、大きな成功を勝ち取ることも夢ではない。株式投資においては、「資産倍増」どころか「一〇年で資産一〇倍」すら夢ではないということなのだ。

米国株の動向と見通し

参考までに、米国株式についても同様に見て行こう。

ＮＹダウは、サブプライムローン破綻を発端とした「一〇〇年に一度」の金融危機によって、二〇〇九年三月九日に六五四七・〇五ドルという大底を付けて以来、大きく上昇している。一二〇～一二一ページの図を参照するとわかりやすいが、二〇一〇年四月二六日の一万一二〇五・〇三ドル（上昇1）、二〇一一年四月二九日の一万二八一〇・五四ドル（上昇2）、二〇一二年五月一日の一万三二七九・三二ドル（上昇3）、そしてさらに二〇一三年三月六日には過去最高値の一万四一六四ドルを上回り、二〇一五年五月一九日には四度目の上昇で一万八三一二・三九ドルを付けている。その後二度の下落波動によって二〇一

中期チャート

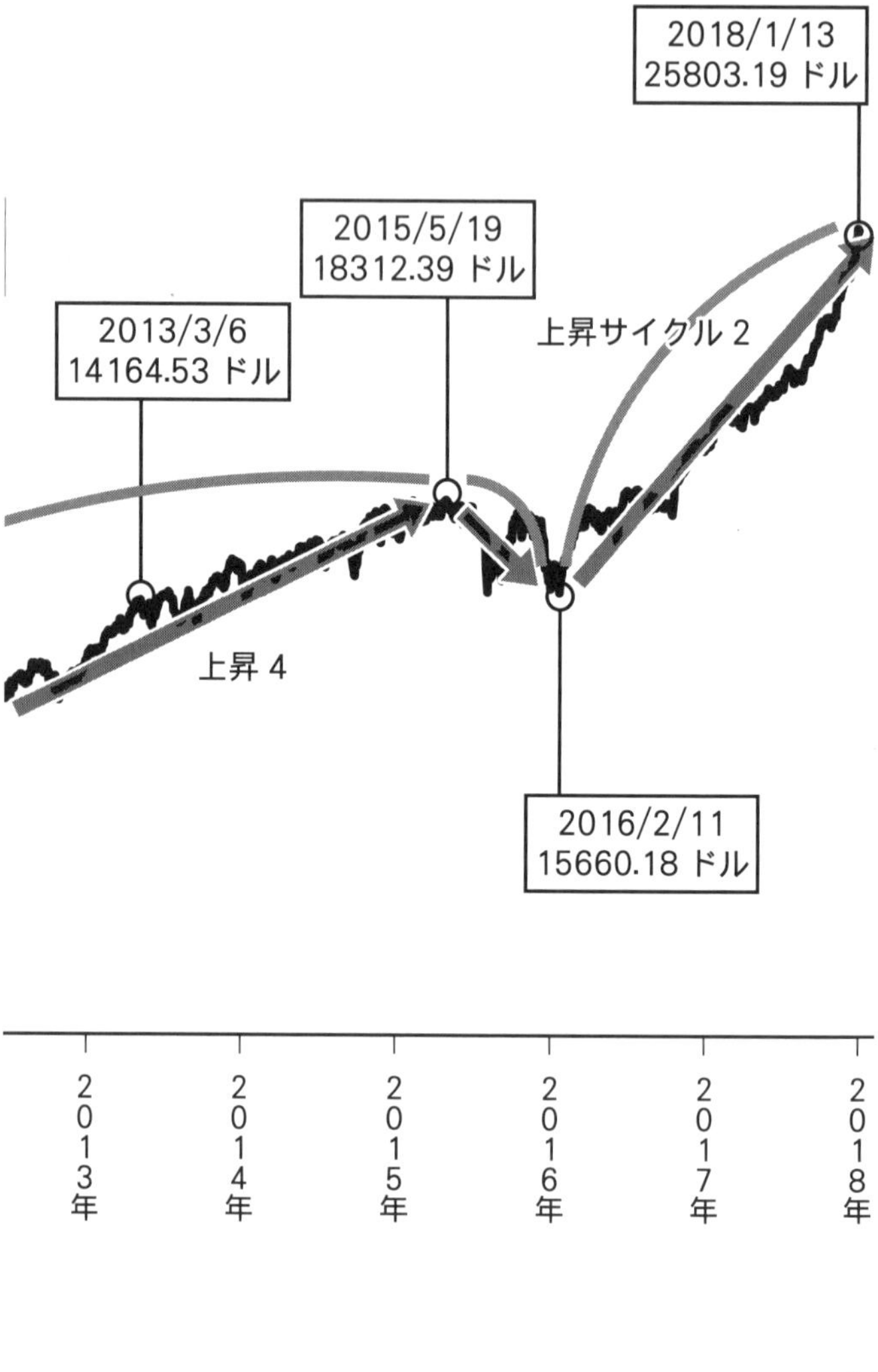

2018/1/13
25803.19 ドル
2015/5/19
18312.39 ドル
2013/3/6
14164.53 ドル
上昇サイクル 2
上昇 4
2016/2/11
15660.18 ドル
2013年
2014年
2015年
2016年
2017年
2018年

NYダウ

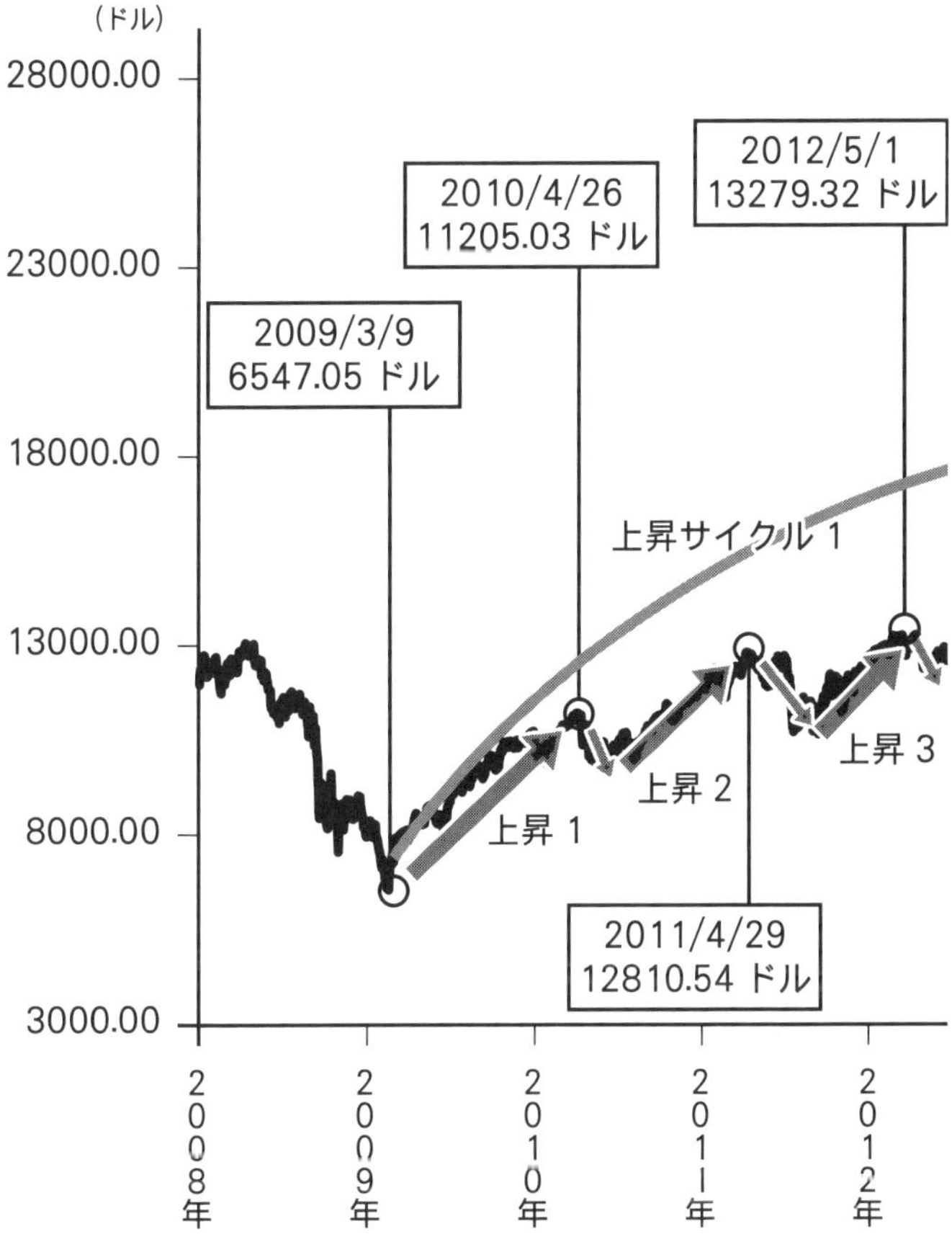
(ドル)
28000.00
23000.00
18000.00
13000.00
8000.00
3000.00
2009/3/9
6547.05 ドル
2010/4/26
11205.03 ドル
2012/5/1
13279.32 ドル
2011/4/29
12810.54 ドル
上昇サイクル 1
上昇 1
上昇 2
上昇 3
2008年
2009年
2010年
2011年
2012年

六年二月には一万五六六〇・一八ドルまで下げたものの、現在は中期的上昇サイクルの二回目、第一波動にあたる上昇に位置している。

しかし、今回の上昇波動はかなり「異常」と言い切ってよい状況にある。二〇一八年一月一三日現在で二万五八〇三ドル台とかつてないピッチで上昇しているのだ。直近の上昇波動である「上昇4」での上げ幅六二一〇ドルが一つの目安となるため、今回の高値目安は二万三〇〇〇ドル程度となるのだが、すでにそこから二〇〇〇ドル以上も高値に振れているのだ。

現在の価格は常に史上最高値を更新しているため高値目安がない状況ではあるのだが、それにしても上昇スピードが速過ぎる。初めて二万一〇〇〇ドルを突破したのが二〇一七年三月一日で、二万二〇〇〇ドル超えが二〇一七年八月三日でその間約五ヵ月かかっていた。しかし二万三〇〇〇ドル超えは一〇月一八日で約二ヵ月半、二万四〇〇〇ドルは一一月一日で約一ヵ月半、二万五〇〇〇ドルは二〇一八年一月五日でなんと一ヵ月で突破している。さらに一月一六日には二万六〇〇〇ドルを突破、わずか一〇日程度で一〇〇〇ドルも上昇したのである。これは完全に「吹き上がっている」動きなのだ（専門用語ではエクステンションという）。

実際、二〇一八年の二月に入ってＮＹダウは急落し、世界中がヒヤッとした。

実は、ＮＹダウは短・中期だけでなく、数十年単位の長期で見ても上昇の最終局面にある。先ほど日経平均は長期上昇サイクルと説明したが、ＮＹダウが間もなく長期下落トレンドに入るのだ。こう説明すると意外に思われる方もいるかもしれない。おそらく、ＮＹダウと日経平均は同じ要因によって市場が反応しやすく、相関性が高いというイメージをお持ちの方も多いのではないだろうか。しかし、これは短期では当てはまるかもしれないが、実は長期では相関性が高いどころか局面を見れば逆相関ということも結構あるのだ。

例を挙げれば、一九九〇年以降の「失われた二〇年」で日経平均は一貫して下げ続けた一方で、ＮＹダウは途中ＩＴバブル崩壊やリーマン・ショックがあったものの、一貫して上げ続けてきたのである。

こうしたトレンドを踏まえると、米国株は一、二年後から長期低迷が予想されるため、銘柄選定はよほど慎重に行なった方がよいということだ。

ただ、米国株は株主配当が日本株に比べ厚く、株価が低迷していても十分な収益を得る可能性が高い点がメリットだ。イノベーションの力が強く、長期的に社会に価値を提供できる銘柄であれば、現在の株価水準でも目をつぶって投資し、一〇年単位の長期投資でじっくりとその果実を味わうという選択も面白いだろう。海の向こうの企業であるため、情報収集は日本株よりもさらに難易度は高いが、十分に意義のある投資ができると考えられる。

為替も長期トレンドが転換

続いて為替を見て行こう。株式市場に大きな影響を与える為替についても、値動きの推移と今後の見通しを把握しておくことが極めて重要だ。そこで、主要なペアである米ドル／円について、カギ足分析で紐解いて行く。

一九七一年のニクソン・ショック以降、固定相場から変動相場への切り替えを経てドル／円は長期円高基調にあった。二〇〇〇年代もその流れは続き、ついに二〇一一年一〇月三一日、七五・五五円という歴史的最高値が付いた。しかし、その後の値動きによって、この時の高値が相場の「大底」というべき転換点であることが確認された。ドル／円も、日本株同様に長期トレンドが転換したのである（一三〇〜一三一ページの長期為替チャートを参照）。

この、史上最高値以降の値動きをカギ足視点で追って行こう。

■円安サイクル①

二〇一一年一〇月の史上最高値以降、二〇一三年五月二二日の一〇二・七三円まで円安が進行、その後二〇一三年六月一三日の九三・七七円まで調整する。これが「波動１」だ。次に、二〇一五年六月五日の一二五・八四円への円安進行が「波動２」となる。

中期為替チャート

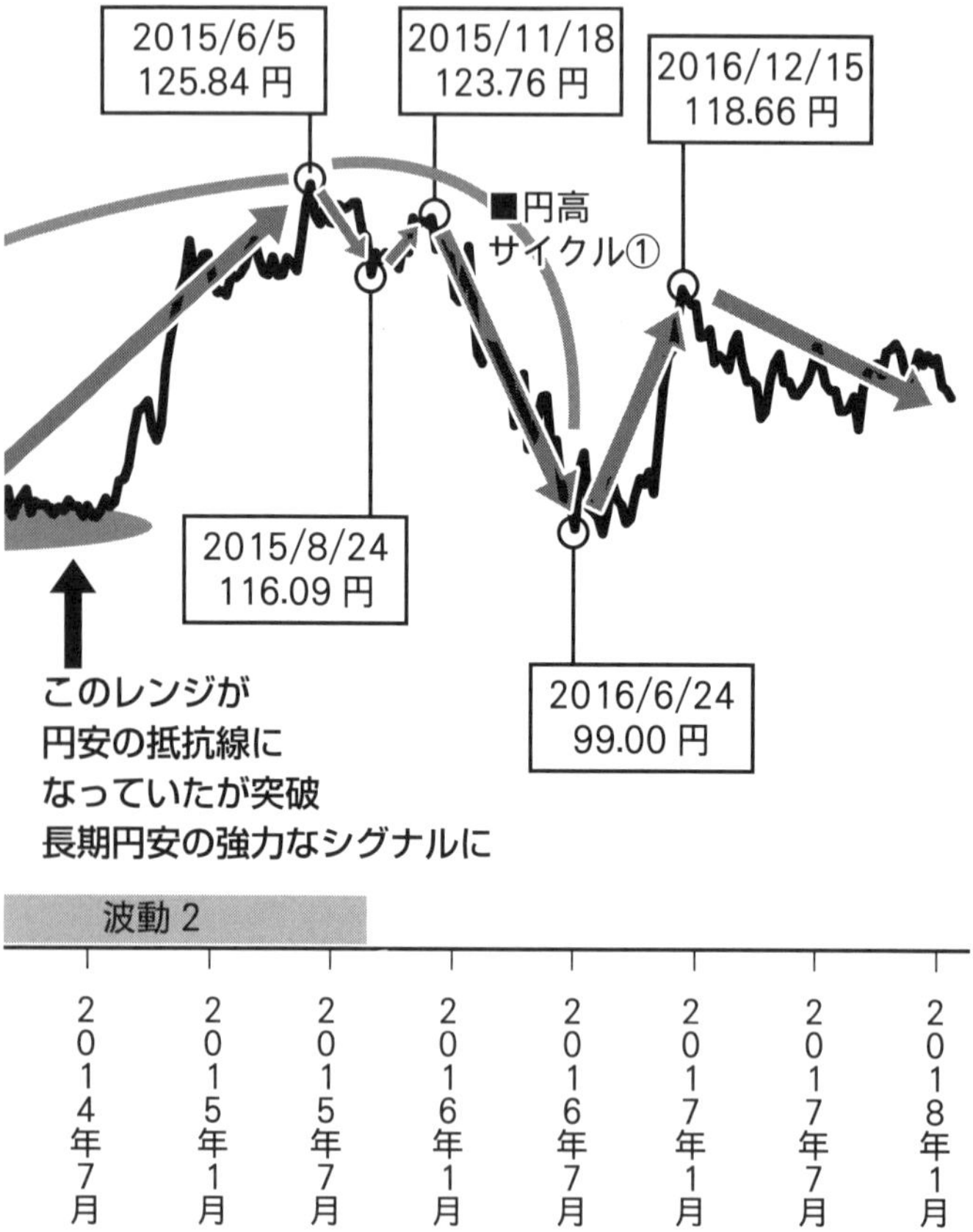

2015/6/5
125.84 円
2015/11/18
123.76 円
2016/12/15
118.66 円
■円高
サイクル①
2015/8/24
116.09 円
2016/6/24
99.00 円
このレンジが
円安の抵抗線に
なっていたが突破
長期円安の強力なシグナルに
波動 2
2014年7月
2015年1月
2015年7月
2016年1月
2016年7月
2017年1月
2017年7月
2018年1月

ドル/円

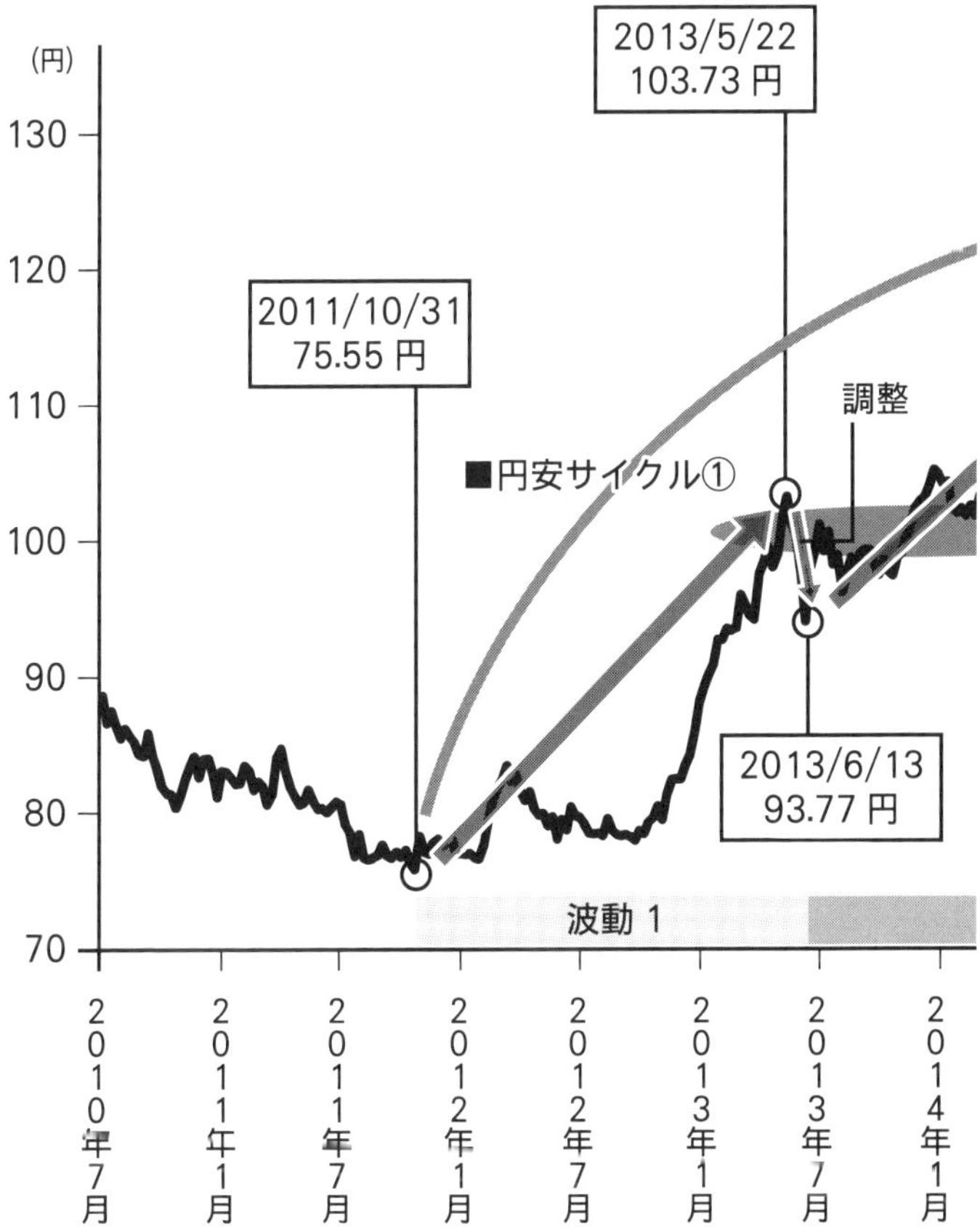

(円)
130
120
110
100
90
80
70
2013/5/22
103.73 円
2011/10/31
75.55 円
調整
■円安サイクル①
2013/6/13
93.77 円
波動 1
2010年7月
2011年1月
2011年7月
2012年1月
2012年7月
2013年1月
2013年7月
2014年1月

■円高サイクル①

この時を高値として、ドル／円は短期円高サイクルに突入する。二〇一五年八月二四日一一六・〇九円まで円高が進むと、次の円安は二〇一五年六月を超えることがなかったのだ。二〇一五年一一月一八日、一二三・七六円まで戻した為替は、二〇一六年六月二四日に九九・〇〇円という水準まで到達したのだ。

その後、二〇一六年一二月一五日には一一八・六六円まで円安が進行したが、本稿執筆時点（二〇一八年一月一五日）では一一〇円台を付けている。

この一連の値動きにおいて、長期トレンドの転換を示す大きなポイントが、一〇二円近辺を超える円安が進行した二〇一三年五月の一〇三・七三円である。一九九〇年代から二〇〇〇年代を通じて、何度か円高が進行した時期があるが、一〇二円近辺は常に下値支持線として立ちはだかり、それ以上の円高はなかなか進まなかった。

ところが、二〇〇八年三月にひとたび一〇〇円割れの水準に突入すると、今度はこれが上値抵抗線の役割を持つようになった。典型的なのは二〇〇九年四月六日の一〇一・四四円で、以降はこの水準が上値抵抗線となって円安が阻まれてきたのである。

しかし、二〇一三年五月の円安ではその上値抵抗線を突破、ついに為替のトレンドは次のサイクルに移行したことが明確になったのだ。それは短期的な円安サイクルのみならず、終戦直後の一九四五年から二〇一一年までという約六五年に亘る長期サイクルの終焉でもあった。それを証明するかのように、以降は一二五円台までの円安が進行したのである。

ドル／円は今後どうなるのか!?

では、今後の為替のゆくえはどうなるのか、やはりチャートの分析を元に占ってみたい。

まず前述の通り、数十年単位の長期サイクルでは円安を向いていることはほ

長期為替チャート

ドル / 円は、約 40 年の
長期下落サイクルが終了し、
長期上昇サイクル入り

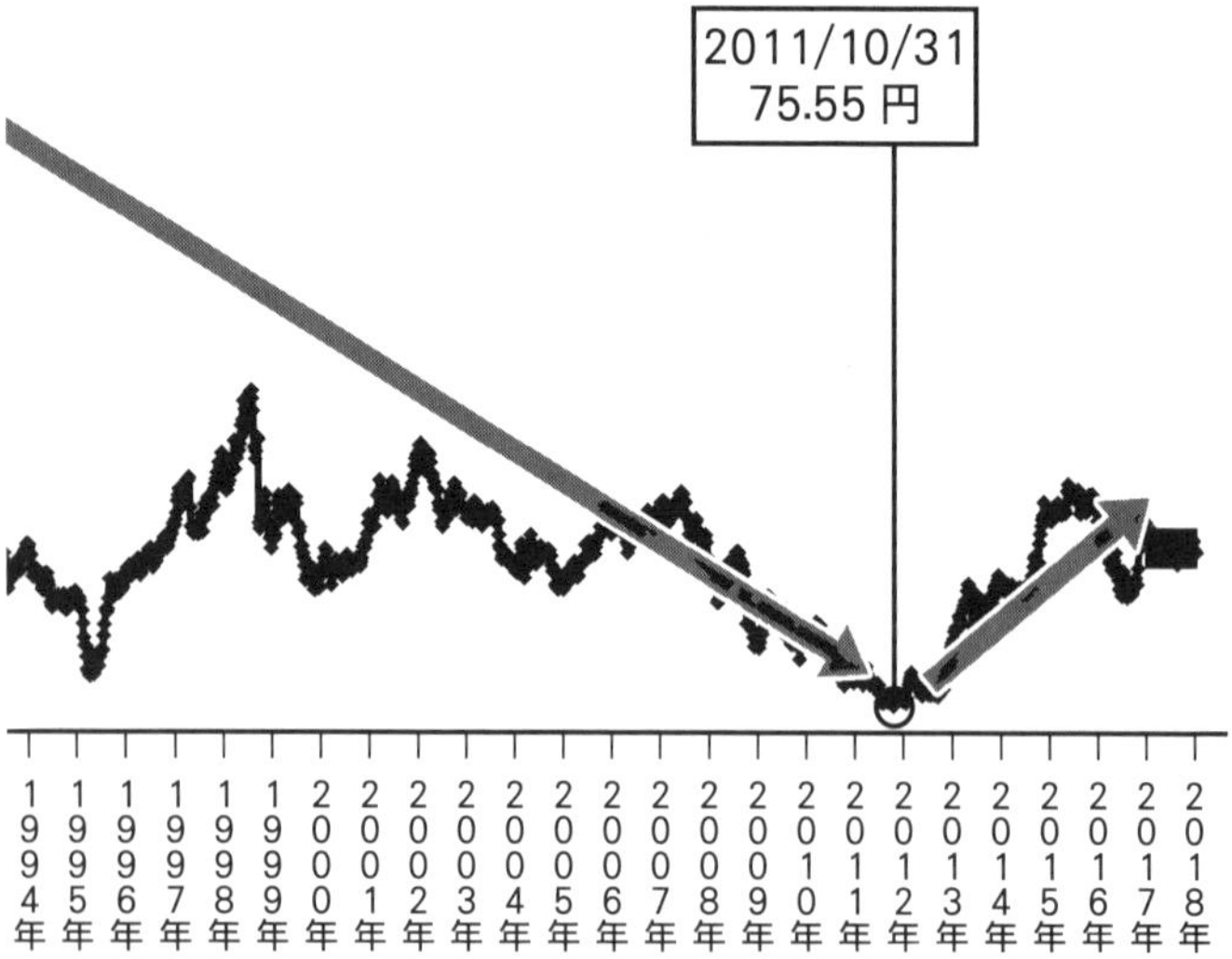

ドル/円

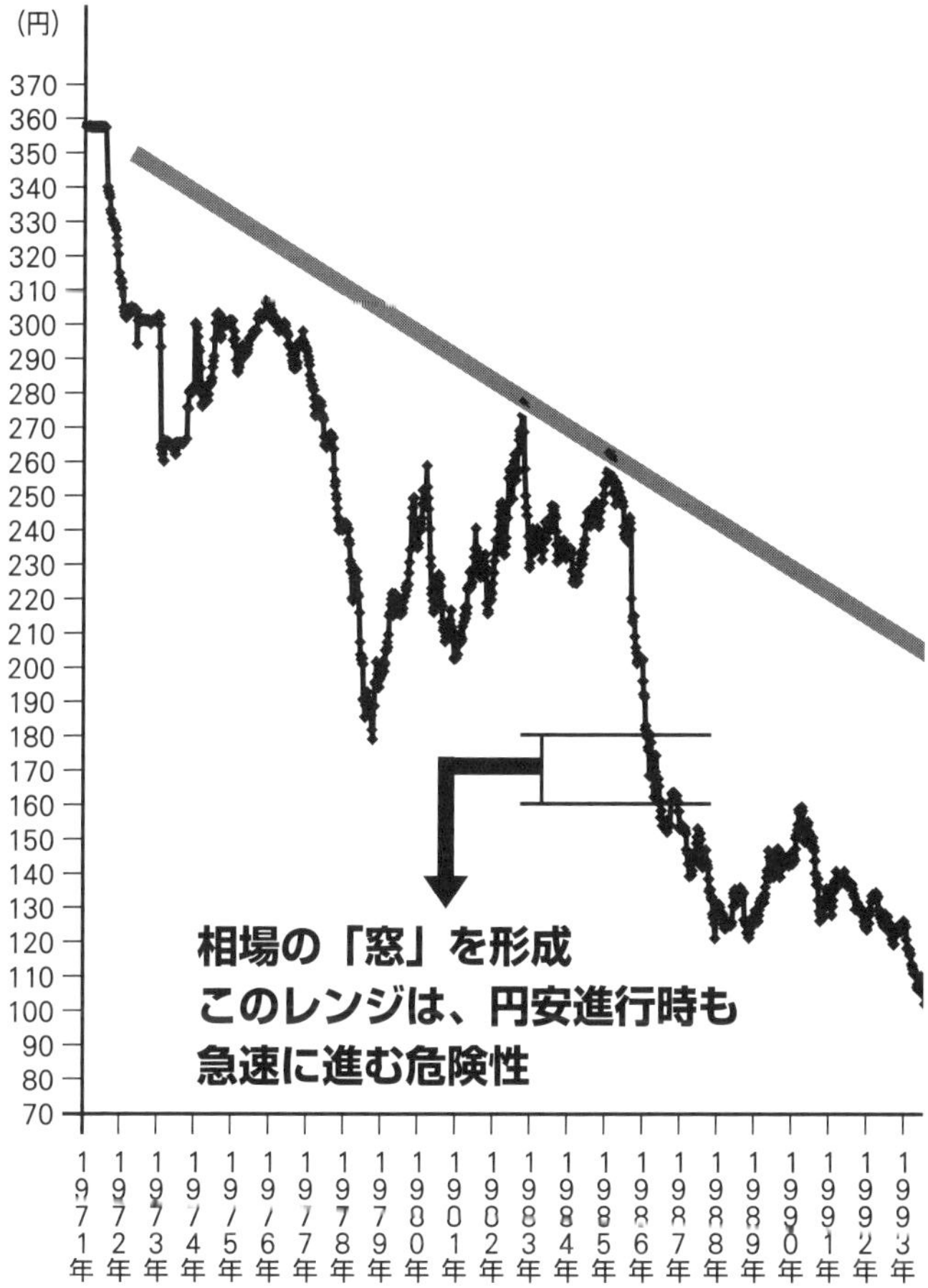
(円)
370
360
350
340
330
320
310
300
290
280
270
260
250
240
230
220
210
200
190
180
170
160
150
140
130
120
110
100
90
80
70
相場の「窓」を形成
このレンジは、円安進行時も
急速に進む危険性
1971年
1972年
1973年
1974年
1975年
1976年
1977年
1978年
1979年
1980年
1981年
1982年
1983年
1984年
1985年
1986年
1987年
1988年
1989年
1990年
1991年
1992年
1993年

ぼ間違いない。一方、中期的なサイクルで見てみると二〇一六年は総じて円安方向に、二〇一七年は総じて円高方向に圧力がかかっていた。さらに短期でも見て行くと、二〇一六年一二月の直近最安値以降は円高方向に振れているように見えるが、カギ足の分析では一貫して円安方向を支持している。つまり、短・中それぞれのベクトルと実際の値動きが異なるため、中期円高圧力にも関わらず一〇〇円割れという大幅な円高が進行しない状態というのが二〇一七年の為替動向だった。

これを踏まえると、恐らく現状では極端な円高への移行は可能性が低いものと考えられる。今しばらく現在のレンジで膠着する可能性も相当あると思われるが、一方でもしも短期的に二〇一六年一二月の一一八・六六円を抜けてくれば、一二〇円台前半までの円安になる可能性は高い。

さらに中期視点の見通しも見て行くと、円安は一二〇円台～一五〇円台までは急激に進行することはなく、一進一退しながら徐々に進んで行くものと思われる。このレンジには目安となるべき上値抵抗線や下値支持線（過去の高値や安値で形成された心理的節目）が数多くあるためだ。たとえば突発的な戦争や天変地異などよほどインパクトのあるイベントでもなければ、これらの目安は価格形成に非常に強く作用する。

長期的には、一五〇円台を超えて円安が進行する局面ではかなり衝撃的な値動きをする可能性がある。実はこのレンジには、心理的目安となるべき抵抗線や支持線がほとんどないのである。

一九八四年頃まで日本円は、二四〇円を軸として上下二〇～四〇円程度を行き来していたが、一九八五年のプラザ合意以降わずか一年足らずで一五〇円台にまで一気に円高が進んだ。この間、相場は目立ったもみ合いがほとんどなく、高値抵抗線や下値支持線を形成しなかった。中でも一六〇～一八〇円はあっという間に通り過ぎているが、このような状態を株の世界では「窓」と呼び、相場に一方的な心理的圧力がかかって勢いがついていることを示している。

したがって、長期円安の過程でもし一五〇円台で短期的な円安圧力がかかるイベント（たとえば日本国債デフォルトや財政悪化の顕在化、地政学リスクなど）が発生すると、一気に一八〇～二〇〇円まで急速に円安が進む可能性があるのだ。

こうなると、円の下落は加速的に進む可能性もある。はるか上方に三六〇円という非常に大きな目安もあるが、もちろんこれに留まる保証は何もなく、五〇〇～六〇〇〇円や、場合によっては一〇〇〇円超えという局面すら十分に想定される。

為替は国債や金利など、投資家心理以外の要因が影響する度合いが高い。また、株で言えば「仕手筋」とも言うべき中央銀行という存在が絶大な支配力を持っているため、株価以上に予測は難しい。ただ、どの程度のペースで進行するかはおいておくと、ここで解説したような円安進行シナリオが実現する可能性はかなり高いと考えられる。為替は株価への影響が大きいため、こうした相場観をしっかり意識して臨むべきだろう。

国債市場は完全な「仕手相場」

最後に、日本の長期国債の先物市場の動きを見て行く。債券市場は株式とは異なり、市場参加者が特定の機関投資家で占められている特殊な市場である。また金融・財政政策の影響を直接受けるため、非常に恣意的な動きを見せやすい。現在では、日本銀行が国債買い占めを行なっており、いわば仕手本尊が一つの仕手株のような状態でもある。

こうした市場では、カギ足分析による売買サインが明確に出ない傾向にあるが、日本国債は長期間「売り」のサインが出続けている。裏を返せば、相場には常に売り圧力がかかっているにも関わらず、仕手本尊が必死に買い支えをしている状況ということだ。細かく見て行こう。

リーマン・ショック前の二〇〇七年以降、日本国債先物は一貫して上昇トレンドにあった。二〇〇八年三月には一四二・〇〇円、二〇一〇年一〇月には一

中期チャート

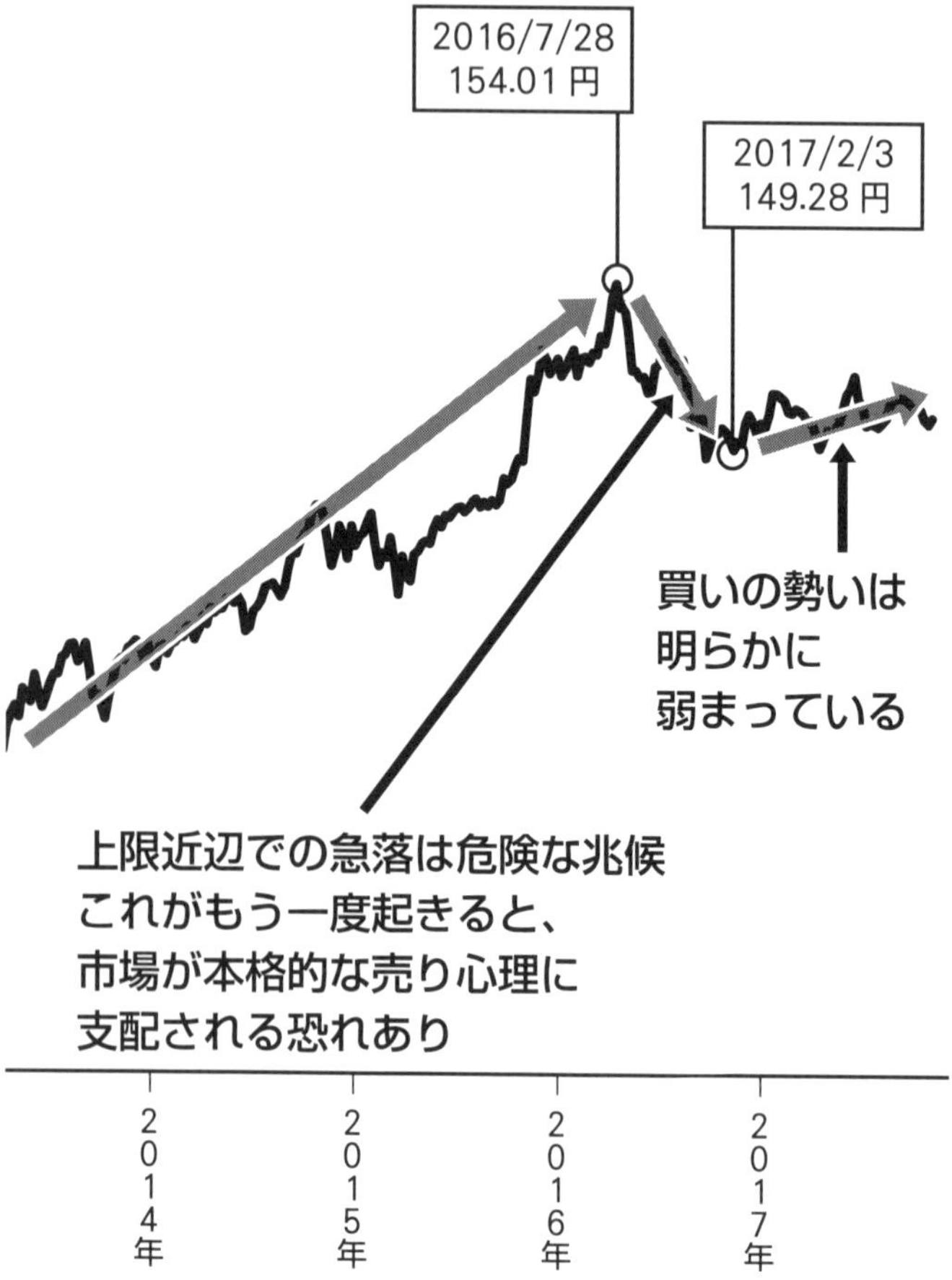

2016/7/28
154.01 円
2017/2/3
149.28 円
買いの勢いは
明らかに
弱まっている
上限近辺での急落は危険な兆候
これがもう一度起きると、
市場が本格的な売り心理に
支配される恐れあり
2014年
2015年
2016年
2017年

国債先物

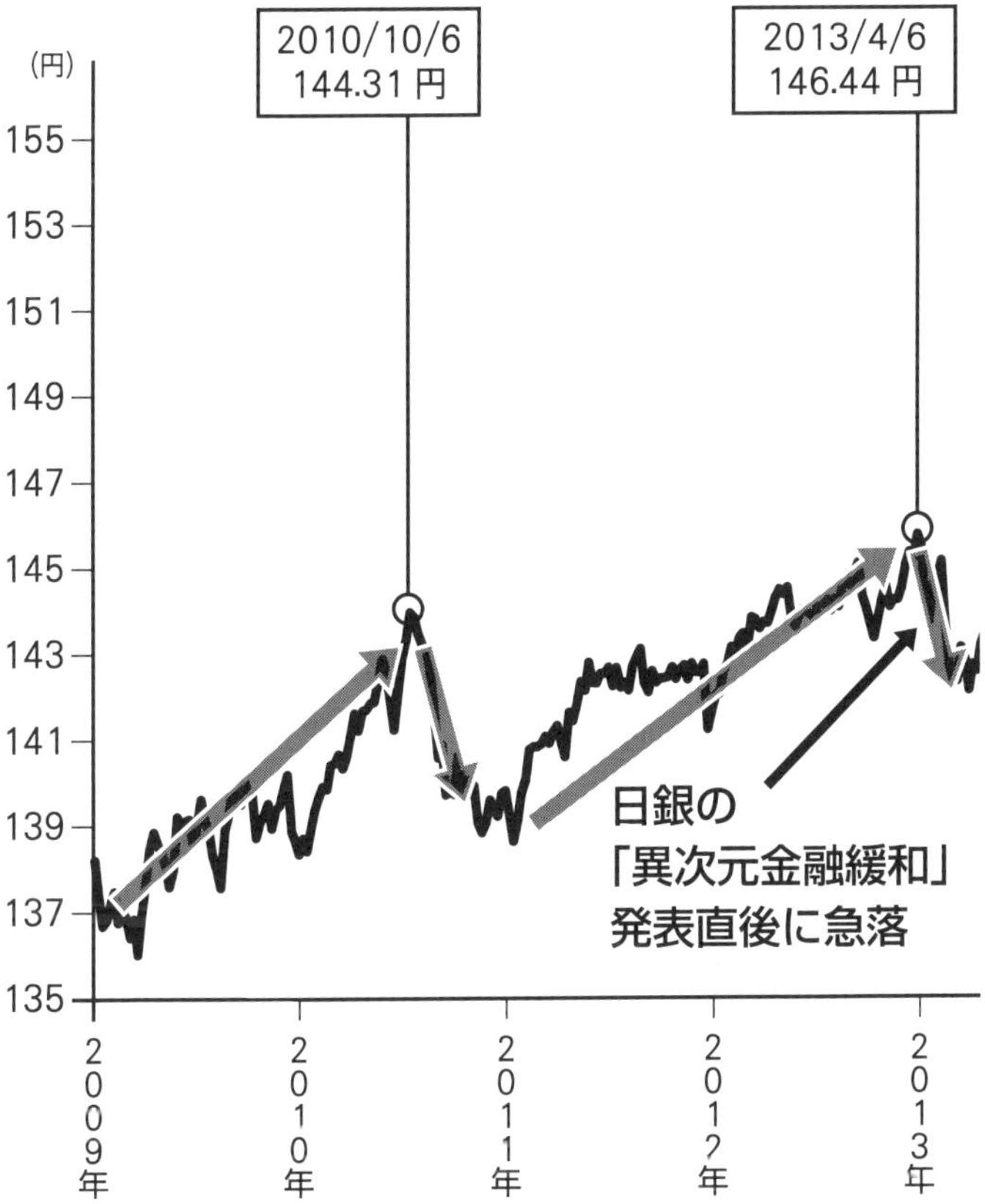
2010/10/6
144.31 円
2013/4/6
146.44 円
(円)
155
153
151
149
147
145
143
141
139
137
135
日銀の
「異次元金融緩和」
発表直後に急落
2009年
2010年
2011年
2012年
2013年

四四・三一円、二〇一三年四月には一四六・四四円と三度の価格上昇を果たしている。この直後、通称「黒田バズーカ」と呼ばれた異次元金融緩和発表によって、国債市場は一時サーキットブレーカーが発動するほどの急落に見舞われたものの、翌五月から二〇一六年七月二八日までなんと三年以上もの長期に亘って四度目の上昇を果たし、価格は一五四・〇一円にまで達した。

国債市場は、実は他の市場とは異なる特徴がある。理論上の上限価格があるのだ。それは、債券の価格が金利と密接な関係があることに起因する。債券は価格が下がれば金利が上がり、逆に価格が上がれば金利は下がるという原理があるのだ。ここでは細かく説明しないが、こうした原理は日本国債においても同じである。したがって、価格が上がり続ければ、いずれ金利はゼロ％となる。債券とは「利息を払ってお金を借りる」という取引の借用証書であるから、利息がゼロ％未満（つまりマイナス）の債券は、理屈の上では商品にならないのだ。

国債先物は、現物の国債を先物取引するのではなく、「標準物」と呼ばれる架空の債券を取引対象としている。長期国債先物は期間が一〇年、表面利率が六％とされているため、国債の価格が一〇〇円の時に金利は六％となる。過去に遡ってみると、国債先物の最安値は一九九〇年九月二七日に付けた八七・〇八円だが、この時期の金利は八％台もあった。直近では一五〇円近辺で〇・一％割れが常態化しているから、まさに雲泥の差と言えるだろう。

ちなみに、国債価格が一二〇円になると金利は大よそ三％程度、一四〇円で一％となる。そして価格が一六〇円の時、金利がゼロ％となる。これが国債先物の上限価格になるのだ。

話を戻そう。二〇一六年七月の一五四円台というのは、この観点で言えばもう上限一杯で、価格が上昇する余地はほとんどない水準なのだ。このような水準にずっと張り付いているのは、ひとえに仕手筋である日銀の買い支えがあるからこそであるが、直近では非常に怖い動きも見せている。

それが、この史上最高値から二〇一七年二月三日の一四九・二八円までの下落である。今までであれば高値更新後に下落しても、その値動きは一時的で一定期間を経て再び高値を更新してきた。その最たる動きが二〇一三年四月の

「黒田バズーカ」後の上昇で、仕手筋日銀の強権発動が相場上昇の強力な心理的後押しとなっていることがハッキリわかる。

一方、二〇一七年二月の直近底値後は、多少上昇はしているものの勢いは明らかに以前のものではない。相場は、すでに上昇余地が少ないことを意識しているかのようだ。となると、この超長期での高値水準がいつまで保てるかが次の焦点となる。もちろん、仕手本尊は世界第三位の経済大国日本の中央銀行であり、さらにその後ろには政府の財政・金融政策という思惑があるため、価格はそうそう簡単には崩れないだろう。

しかしながら、これとて絶対ではない。現物なら日銀がすべて買い占めれば価格を維持できるかもしれないが、国債先物は別である。大量の資金で売り崩すということも可能なのだ。現在、長期国債先物の一日平均取引高は五兆円前後だが、これを売り崩そうとするなら実際には五兆円も必要ない。市場心理が「本当に売り崩されるかもしれない」と、信じ込む程度の売りが仕込めればよいのだ。しかし、日本のＧＤＰに匹敵する五〇〇兆円もの資産を抱える日銀に売り向かえる投資家など果たしているのか？　私の書籍をよくお読みいただいている読者なら、すぐさま二人ぐらいは名前を思いついたことだろう。

まず一人目はジョージ・ソロス、一九九〇年の英ポンド売りで「イングランド銀行を負かした男」だ。彼はこの伝説的な取引に当たって、一〇〇億ドル（当時約一兆五〇〇〇億円）の英ポンドを売った。金融緩和後のカネ余りの現在なら、さらに巨額のマネーを仕込むこともできるだろう。

そしてもう一人はカイル＝バス、先の金融危機ではカラ売りによって自身のファンド「ヘイマン・キャピタル」に巨額の収益をもたらした気鋭の機関投資家だ。彼は私が独占インタビューをした際にも「日本国債の異常な高値」に言及し、いずれこれが大きく崩れると宣言している。いつでも機に乗じる準備はできているだろう。

その他に、「冒険投資家」ジム・ロジャーズも、二〇一七年に私がインタビューした際には日本円や日本国債の暴落に言及しているし、大手金融機関ＢＮＰパリバも日本国債の暴落に注目、そのトキが来たら「徹底的に売り浴びせる」と放言している。

これだけの資金と発言力を持つ投資家たちが待ち構えていることを考えれば、いかに現在の国債相場が危険な状態か容易に推測できるだろう。

では、具体的にいつどうなると危険なのか。もはや仕手筋の思惑次第の感もあり非常に難しいが、チャート分析からのサインを読み解くと、ポイントは二〇一八年内に大きな下落が起きるかどうかで、もしこれが発生すれば危険な状態に突入するという。この時の下げは、現在の一五〇円台から二〇一七年二月のように再び一四〇円台に突入するというもので、急落しても本格的な投げ売り相場とはならず、下落後はある程度価格が戻る可能性が高い。

しかし、もしこれが起きてしまうと二〇一六年七月を最高値として下落サイクル入りすることになる。市場が弱含めば、どんどん高値を切り下げて行くことになり、いよいよ本格的な「売りが売りを呼ぶ」状態となるだろう。一時的にせよ、買い手がつかない事態にもなるかもしれない。本格的な国債暴落の到来である。

主要市場の短期、長期見通し

	短期	長期
日本株	上昇局面、 ただし 大調整には注意	30～40年の 長期上昇トレンド、 じっくり取り組めば 大きな成果
米国株	高値最終局面、 吹き上がりか？	長期下落トレンド 成長銘柄を厳選し 長期保有、 インカムゲイン期待
ドル／円	売り買い膠着 118.66円超えが 次の目安か	長期円安トレンド 超長期では360円は おろか、600～ 1000円突破も
日本国債	目先膠着 年内大きな下げの 可能性に注意	長期下落 暴落相場の危険性も

もし今年ヒヤッとする下げがあれば、来年か再来年には危険な下げに備えた方が良い。日本国債は、現在が高値の最終局面である。国債の動向は為替や株価にも強力な影響となるため、目が離せない。その動向には、大いに注目すべきだろう。

経済トレンドをよく押さえて相場に挑め！

ここまで、日米の「株式市場」「為替」「国債市場」の直近の動きとこれからの見通しについて見てきた。カギ足は、天変地異など不測の事態までは見越すことができないため、ここで説明したことが絶対ということでは決してないが、市場参加者それぞれの相場での心理状態を知る上では大いに参考になる情報だ。

なお余談であるが、戦争などの有事も、投資家の集団心理を映し出して相場に現れる場合があるという。川上氏に「北朝鮮有事」の可能性を訊いたところ、現在のところ相場にはそうした値動きが見られず、投資家の趨勢が戦争は「ない」という前提で投資行動を行なっていると見られるそうだ。

むろん、偶発的な事件から戦争が起きる可能性も否定できないが、相場と向き合う時にこうしたことがわかっているかどうかは極めて重要だろう。

株式投資特に日本株に取り組むには、これからは絶好の時期と言えるだろう。ただし短・中期的には国債の暴落や急激な円安進行など、株価にとって甚大な影響をおよぼし得る要因には十分な注意を払うべきだ。

米国株については、テクニカル分析の視点では下落トレンド入りが示唆されているが、一方で一部の成長企業のイノベーション力は引き続き強力で、世界に新たな価値をもたらすだろう。

こうした長期有望銘柄については、長期で見れば市場が下落トレンドにあっても十分に投資する価値がある。目先の騰落や個別銘柄の情報ももちろん重要だが、こうした経済の大きなトレンドもしっかりと横にらみしながら、数十年ぶりに到来した株投資の絶好のチャンスを大いに生かしていただきたい。

第四章　様々な分析手法とカギ足――基礎編

「明日、為替が一円下がる」――この情報にいくら出すか

相場を少しかじると、多種多様なチャートとそれに対応する分析方法があることに気付く。ラインチャートやロウソク足、バーチャートなどのチャートがあり、それらチャートを分析しようとする一目均衡表やエリオット波動、ゴールデンクロスなどの分析方法や専門用語にたどり着く。本書のテーマである「カギ足」も、数ある分析方法の一つである。

この章では「カギ足」分析はもちろんのこと、他のチャート分析の方法や分析に関連する基本部分をしっかり解説しておきたい。ただその前に、皆様に考えて欲しいことがある。それは「なぜ、数多くのチャート分析が存在するのか」ということだ。

これを考える時、私はある一人の金融マンの言葉を思い出す。それは、イギリスの金融街から少し外れたテムズ川のほとりに立つ大手ヘッジファンド会社

「マン・グループ社」の会議室でのことだった。現在マン・グループ社は少し場所を移転しているが、当時は砂糖桟橋を意味する〝シュガーキー〟に本社があった。マン・グループ社の歴史は古く、一七八三年に設立されてから実に二三〇年以上の歴史を持つ。今では金融部門が独立し、大手ヘッジファンド会社になっているが、前身は大英帝国時代の商社で、砂糖や香辛料などの熱帯産品を世界で牛耳っていた。その砂糖などをこの桟橋から陸揚げしていたのでシュガーキー、砂糖桟橋と名前が付いたのである。

このテムズ川のほとりシュガーキーにある大きなビルの会議室で、マン・グループ社の運用戦略についてレクチャーを受けていたわけだが、当時の駐日代表が相場の解説の際に放った何気ない一言が印象的だった。「明日、為替が一円下がる。大したことなさそうに見えますが、これがあらかじめわかっていたら実に大変なことです」――皆様は、この情報の価値にお気付きだろうか。

もし、「一円下がる」というのが確かなものであれば、この情報の価値はかなり高額である。一円を動かすための為替介入には、数兆円もの資金が必要という。だから、逆に考えると数千億円ぐらいでは相場は動かないということで、相場を崩すことなくいつでも取引できる。一円の値幅は大ざっぱに言って約一％だから、数千億円取引すれば数十億円の収益が出る。これが、「一円下がる」の情報の価値である。

毎日この情報を得るとすると、一年では数十億円×三六五日で数千億～数兆円の価値を持つことになる（為替は相対取引なので一年間の取引日を三六五日としている）。原資として、数千億円をあらかじめ保有している投資家はウォーレン・バフェットぐらいの話になるので、現実味がないかもしれない。では、パーセントで考えてみるとどうだろう。たった一％でも毎日であれば三六五％で、一年間で元本が四・七倍になる（複利の場合にはさらに大きく一年間で元本が三七・八倍にもなる）。三年も続ければ元本は一〇四倍、一〇〇万円が一億円になる計算だ。こう考えると、たった一円（または一％）と侮ることは決してできない。

なぜ、このような例を示して説明をしたのかと言えば、未来の情報にはそれだけ大きな価値、インパクトがあるということをお伝えしたかったからだ。未来の情報は、間違いなく強力なインパクトを持つ。しかし、未来がわかる人はいない。そのようなおいしい、確実な情報は存在しないのだ。では、どうするのか。ここで、チャート分析やその他のあらゆる分析方法が登場するのである。

未来はわからなくても、過去や今はわかる

未来を一〇〇％当てることはできない。一方で、未来がわかれば莫大な富を築くことができる。だから、すべて当てることはできないとわかってはいるのだが、なんとか当てようと試みるのである。そのために行なうことはいろいろあるように見えるが、実は一つのことにほぼ集約される。それは、過去の動きと現状を分析することだ。

未来はわからなくても、過去や今はわかる。だから、未来のヒントを過去の動きや現在に求めるのである。過去の相場の動きとは〝チャート〟のことだ。

それを分析することで、未来の動きのヒントを見付けて予測しようとする。もう一つの現在とは、今周りで起きていることなどの要因分析である。

たとえば、有名な分析方法の一つに「一目均衡表《いちもくきんこうひょう》」がある。中身を知らないという方も名前ぐらいは聞いたことがあるだろう。「一目均衡表」は、一九三六年に一目仙人こと細田悟一氏が延べ二〇〇〇人のスタッフと七年の歳月を費やして完成させたと言われる分析方法である。〝時間〟に重きを置き、買いと売りの均衡が崩れた時に相場が動くことを前提に、一目で相場の均衡状態がわかるように作られた表だ。一目は〝ひとめ〟の他にもう一つ囲碁の言葉で〝いちもく〟先を読むこと、相場の一手先の未来を読むことができるという意味も込められている。純国産である「一目均衡表」は、世界的にも有名で知名度は高い。

他の分析方法を挙げておこう。これも有名な分析で、「移動平均線」とそれによって形成される「ゴールデンクロス」である。移動平均線自体は元々統計分析で使われていた。それを相場に応用し始めたのが、米国のチャート分析家ジョゼフ・E・グランビル氏と言われている。移動平均線は、過去の一定期間の株価終値の平均値をチャート化したものだ。通常は、長期移動平均線と短期移動平均線の二種類を使う。長期移動平均線は、たとえば週ごとであれば二六週（約半年）を、日ごとであれば二五日を、時間ごとであれば四時間を、それぞれ一定期間として描く。それに対応する短期移動平均線は、週ごとであれば一三週（約四半期）を、日ごとであれば五日を、時間ごとであれば一時間を、それぞれ一定期間として描く。この二つの対になるチャートで、これからの相場を予測するわけだ。なお、長期移動平均線は、これだけでトレンドを判断する要素にも使われたりする。

長期移動平均線と短期移動平均線を組み合わせたもので有名なのが、「ゴールデンクロス」と「デッドクロス」だ。「ゴールデンクロス」は、短期移動平均線が長期移動平均線を下から上に突き抜けた状態のことで、これが現れると一般的に「買い」のサインとして受け取られる。逆に、長期移動平均線が短期移動平均線を下から上に突き抜けた状態を「デッドクロス」と呼び、一般的に「売り」のサインを表している。このように、過去や現在の動きを使いながら未来

均衡表の例

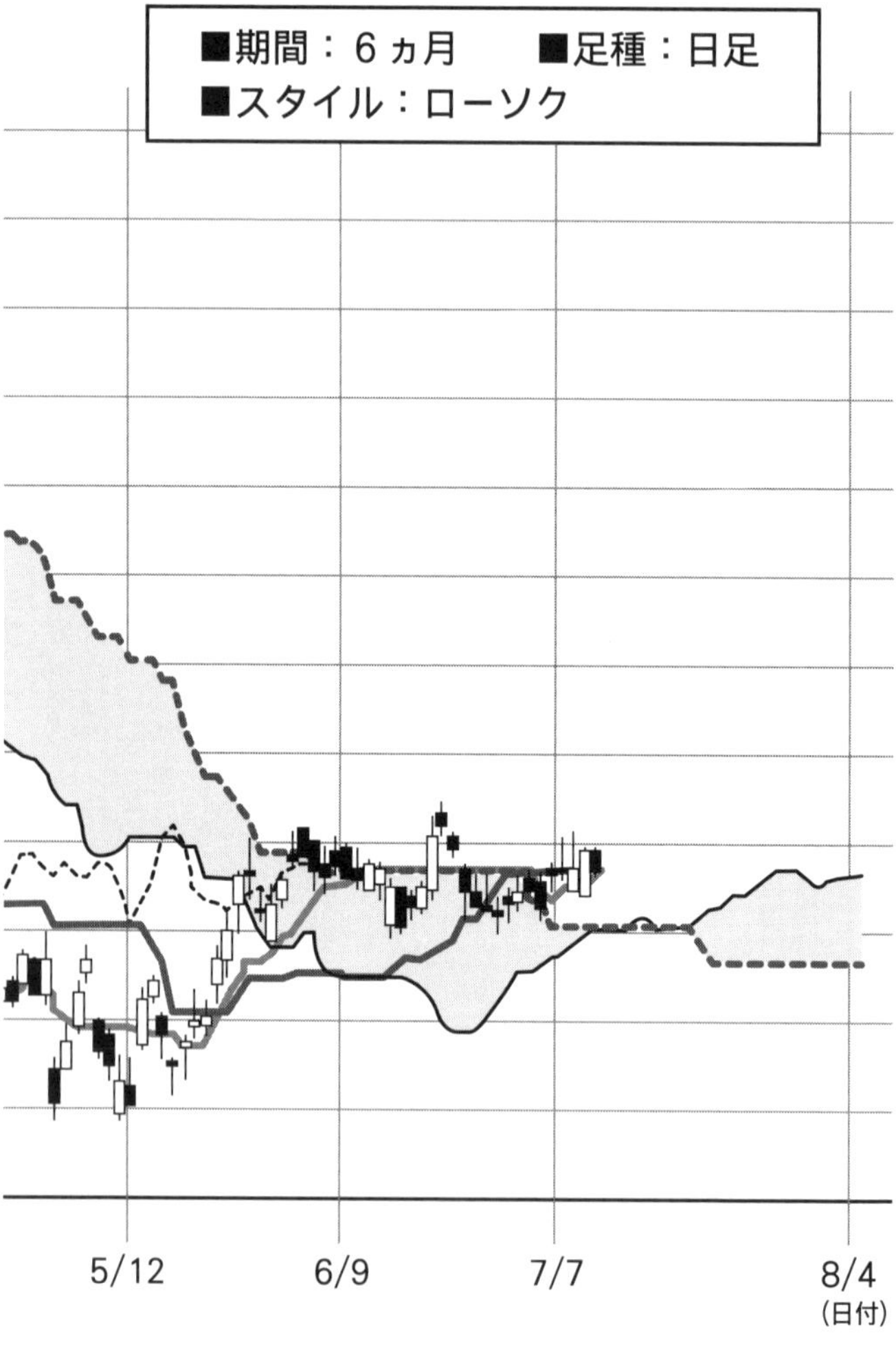
■期間：6ヵ月
■足種：日足
■スタイル：ローソク
5/12
6/9
7/7
8/4
(日付)

一目

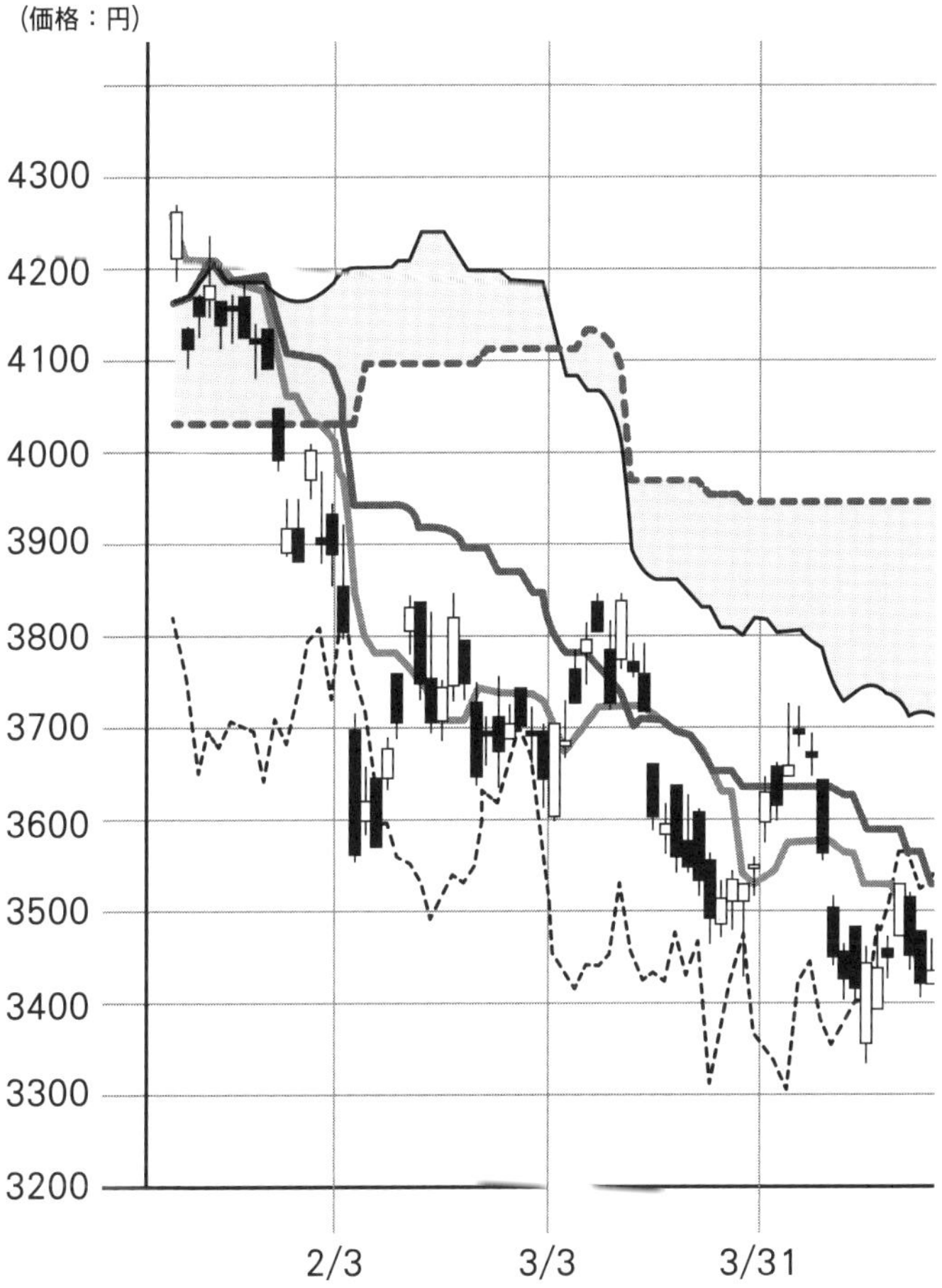
(価格：円)
4300
4200
4100
4000
3900
3800
3700
3600
3500
3400
3300
3200
2/3
3/3
3/31

の予測を行なうのが、チャート分析である。

「一目均衡表」や「ゴールデンクロス」であなたも大金持ちに⁉

「一目均衡表」を活用するのは困難だが、「ゴールデンクロス」や「デッドクロス」であれば意外と簡単に活用することができる。では、「ゴールデンクロス」と「デッドクロス」に従って取引すれば、果たしてお金持ちになれるのだろうか。

すでにおわかりだろうが、答えは、〝NO〟である。たまたま当たることはあるだろう。しかし、これだけシンプルな分析でお金持ちになれるのであれば、全員がお金持ちになれる。では、複雑怪奇な「一目均衡表」を勉強して活用できるようにすればどうか。残念ながら、答えは変わらないだろう。

分析方法は、その時々によって変わる。ただ、昔と今とで決定的に異なるのは、データ処理能力の差だ。コンピュータの登場により、データ処理は格段に

ゴールデンクロスの例

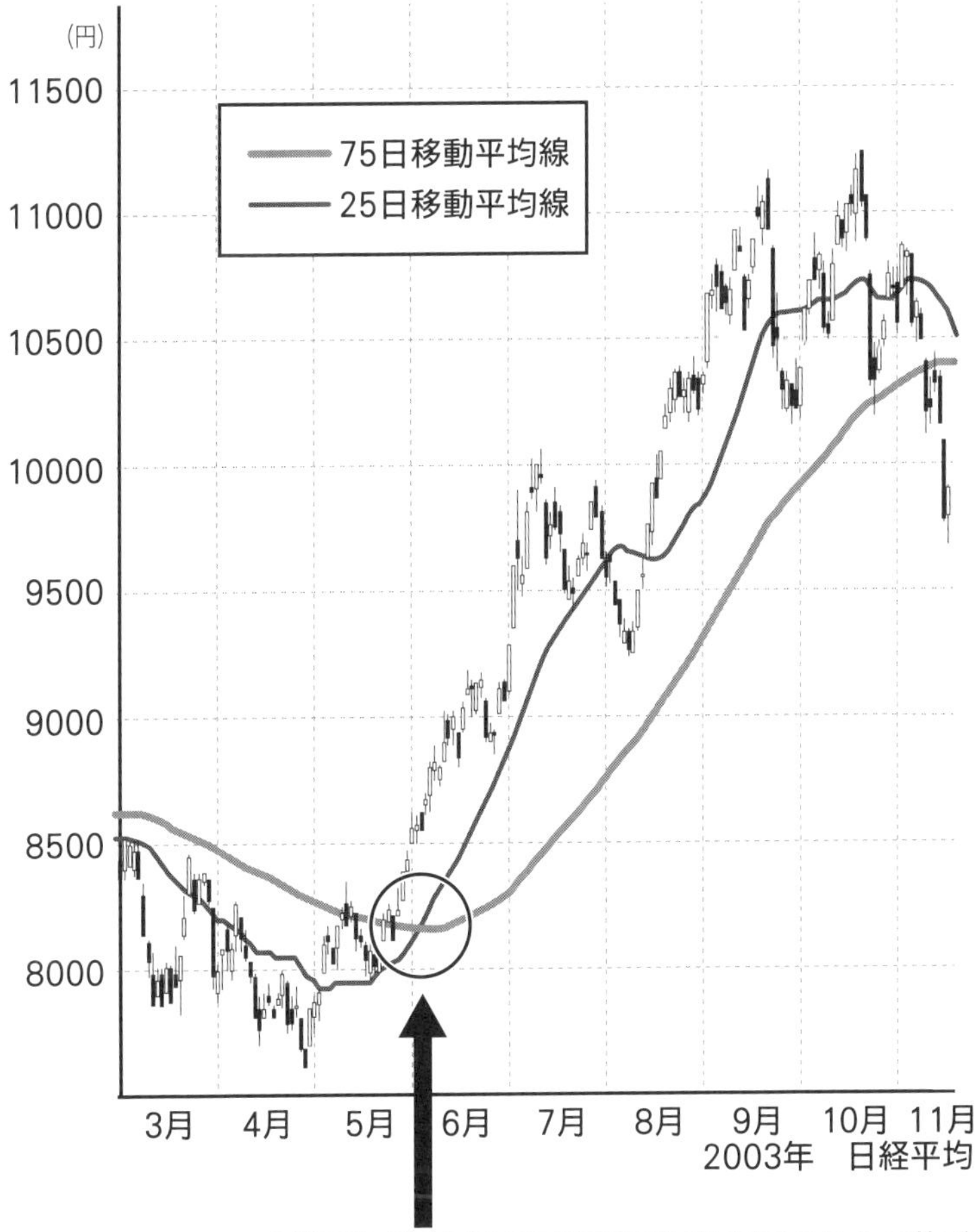

ここで、25日移動平均線が75日移動平均線を下から上に抜くゴールデンクロスが現れている。

速くなった。「一目均衡表」は世界中で有名になり、みんなこぞってこの分析方法を使おうとしたわけだが、昔はこの表を描くだけでも大変な労力とコストを必要とした。それが今は、証券会社のホームページでいとも簡単に手に入る。解釈が奥深いので、会得して相場に活用しようとするといまだにある程度の時間を費やす必要があるが、表だけであれば、誰でも簡単に入手できてしまう。

過去のチャート分析や現状分析は、これまでのパターンと当てはめてその相場の未来を予測する行為だ。これらの分析方法はコンピュータの登場により誰もが分析しやすくなり、誰もが手軽に活用できるようになっている。するとたちまち問題が生じる。誰もが使えるのであれば、それで儲けることは困難になる。なぜなら、みんなが同時に使って同じ投資行動に出ると儲けるチャンスがなくなるからだ。

コンピュータの能力は、「ムーアの法則」で劇的に強化され分析能力も格段に速くなるわけで、たとえ複雑なチャート分析方法が生まれたとしても、時が経ち有名になれば誰もが簡単に分析できてしまうようになる。みんなが知ってし

分析方法の循環サイクル

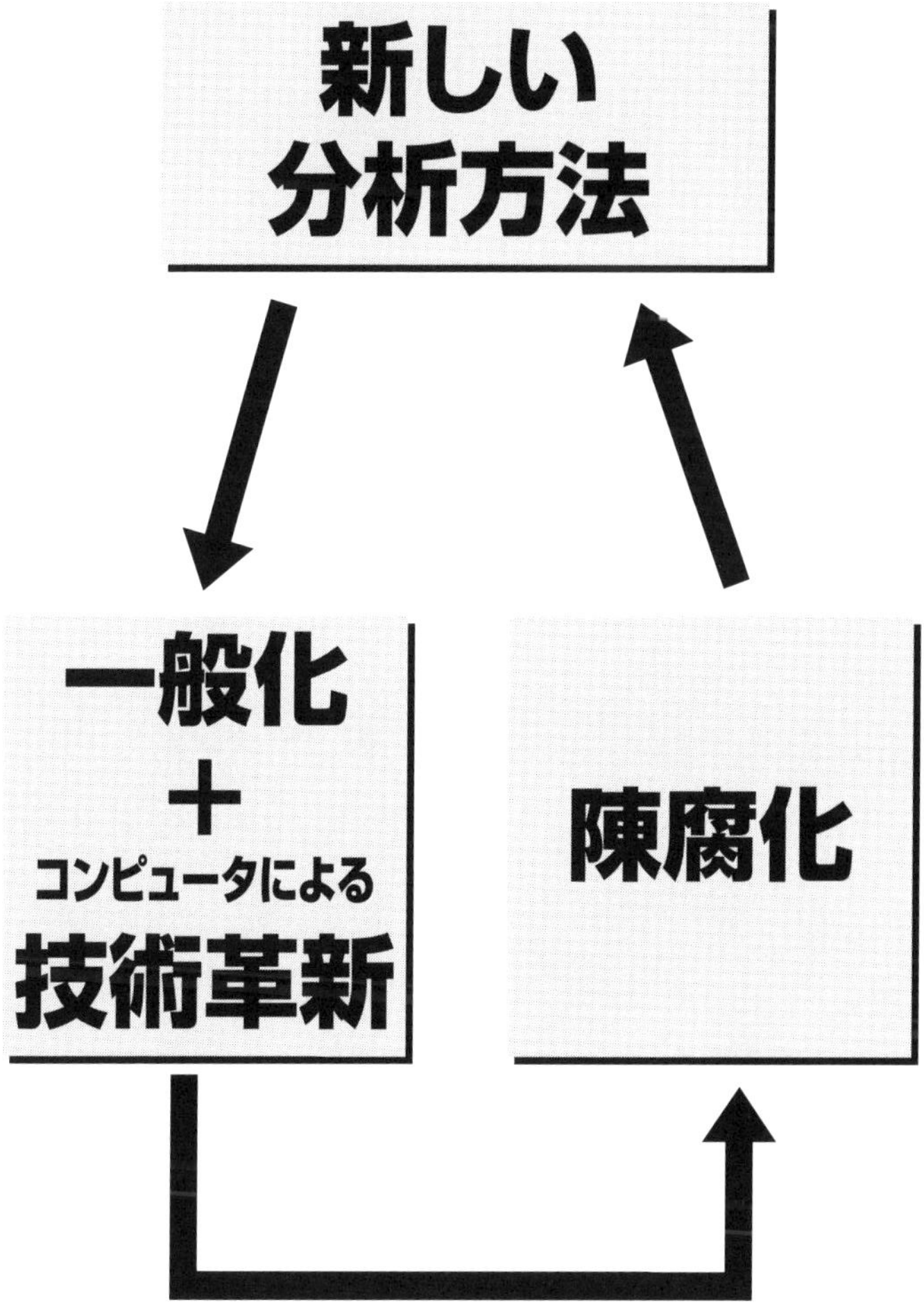

まうことによってパターン分析や現状分析がほとんど役に立たなくなるのはこのためだ。しかも有名になればなるほど、それ自体の価値がなくなるというのはなんとも皮肉なことであろう。斬新な分析方法は門外不出にしない限り、その価値を維持することはできないのである。

テクニカル分析とファンダメンタル分析

既存の分析方法があまり役に立たないことは先に述べた。では、有名な分析方法をまったく学ぶ必要がないかと言えばそうではない。最低限押さえておくべきポイントがある。その一つに、「テクニカル分析」と「ファンダメンタル分析」が挙げられる。

初めて株式投資を行なう際、分析として取り組みやすいのはファンダメンタル分析だ。ファンダメンタル分析とは、株価を決定付けるであろう基礎的な要因を分析する方法である。その会社の業績や財務状況、新製品の発表、競合他

株式投資のいろいろな分析手法

ファンダメンタル分析

株価に影響を与える基礎的用件を分析

景気	雇用	外交	貿易
VIP発言	経済指標	企業業績	財務状況
競合優位	新商品	等	

テクニカル分析

過去の株価推移を元に将来の動きを予測

■トレンド系

移動平均線	一目均衡表
ボリンジャーバンド	**カギ足**
パラボリック	CCI
ジグザグチャート　他	

■オシレーター系

MACD	ストキャスティクス
モメンタム	RSI
DMI	ROC　他

このような分析手法も、投資判断の参考になる場合がある。道具は使いようだ。

社との優位性を分析する。場合によっては、為替や金利、外交や貿易の動向など、外部環境についても同様に分析する。業績や財務分析を行なう際に使う指標としてはＰＥＲ（株価収益率）やＰＢＲ（株価純資産倍率）、ＲＯＥ（株主資本利益率）などが有名である。ファンダメンタル分析から得られる結果は、その企業の本来の価値から見た株価である。本来の価値から見て、株価が安いと判断すれば買い、高いと判断すれば売りを行なうわけである。どちらかと言えば、長期投資で株価が本来の価値になることを狙う方法だ。

もう一つのテクニカル分析は、短期の動きから中長期までを主にチャート分析によって行なう方法である。「一目均衡表」や「移動平均線」「ゴールデンクロス」「デッドクロス」もこの分析方法にあたる。後で詳しく説明する「カギ足」もこのテクニカル分析である。テクニカル分析には、「トレンド系」と「オシレータ系」の二系統ある。相場の方向性を分析するのがトレンド系で、相場の転換点を分析するのがオシレータ系である。いくつかの種類があるが、一つずつ細かく解説するのはポイントから外れるので、図だけに留めておこう。

テクニカル分析とシステム運用

テクニカル分析について、一つ大きな特徴を紹介しよう。それは、テクニカル分析のほとんどはコンピュータによる自動取引が可能ということだ。自動取引のことを「システム運用」と呼ぶ。システム運用は、あらかじめ決めた通りに取引を行なうことで、その取引を行なう際に人の判断を入れずに淡々と自動で行なう。

コンピュータを使わなくても、たとえば、晴れたら日経平均先物の買い、雨が降ったら日経平均先物の売り、この取引をコンピュータなしで淡々と行なってもシステム運用である。ただ、これもコンピュータで自動化できる。晴れているのか雨が降ったのかを判断する時間や場所、雨量などの基準を明確にした上で、一回ごとに日経平均の買いと売りを注文する数量も決めておけば良いのである。

コンピュータで取引を自動化することで、大きな利点が生まれる。それは、膨大なデータを使いながら過去に遡って取引を検証できるということだ。先ほどの、晴れたら買い、雨が降ったら売り、の取引も、今から二〇年前からのデータを気象庁のＨＰから引っ張り出して、再現させることもできるのだ。これを専門用語で「バックテスト」と呼ぶ。もちろん、天候と日経平均とでは関連性はあまりなさそうだから、これでシステム運用を行なっている人は実際にはいないだろう。一方で、農産物のような商品の場合には天候と価格の間に何らかの関係がありそうだから、本当にこれでシステム運用を行なっている投資家がいても不思議はない。

いずれにしても、コンピュータにデータを分析させることで、バックテストによるシミュレーションを何度も行なうことが可能だ。これがポイントである。コンピュータによるシステム運用は、実はテクニカル分析のデータだけとは限らない。コンピュータだから数字のデータにはめっぽう強く、ＰＥＲやＰＢＲ、ＲＯＥなどといった数字で表されるファンダメンタル分析を取り入れることも可能だ。シミュレーションを何度も行ないながら、どの分析が有効な方法かを選び出して運用する。これは、金融のプロ集団であるヘッジファンドが得意とする分野である。

六勝四敗と一勝九敗、相場で勝つのは？

ヘッジファンドは、バックテストによってどの分析が有効かを日々試している。ただ、それで何も全戦全勝を狙うわけではない。取引すべてで収益を出すことはまず無理だ。ヘッジファンドもそんなことは考えていない。バックテストを行なうことで、勝率を高めようとしているのだ。

では、どのくらいの勝率があれば相場でプラスが出せるのだろうか。これに明確な答えはなく、スタイルによる。一般的にヘッジファンドの場合は小さなプラスをコツコツ出そうとする。本当にわずかな収益であれば勝率を限りなく一〇〇％に近づけようとするし、多少プラス幅があるのであれば、マイナスも許容しながら六勝四敗で収益を挙げようとするかもしれない。また、普段は負け続ける代わりに、たまに大きな収益を出し一勝九敗でもプラス収益を狙うスタイルもある。

意外かもしれないが、ヘッジファンドのような傍目から見ると金融のプロフェッショナルな集団でも、目指す勝率はそれほど高くないことが多い。この世界では六勝四敗なら大成功なのである。では、一般に分析力に長けているとされるトップアナリストの勝率をご存じだろうか。一説には五割だそうだ。これには驚きで、コインを投げて表が出たら買い、裏が出たら売りと予測するのと何ら変わらないのだ。この事象をムーギー・キム氏は、その著書『世界中のエリートの働き方を一冊にまとめてみた』でこのように述べている。

私も業界に入って驚いたのだが、いわゆるトップアナリストとされる人々の株価予想や売買判断も、半分ははずれ、半分しか当たらない。ある一定期間は六割や七割の確率で当たる人もいるが、それは長続き

しない偶然の産物であることがほとんどだ。長期的に見れば、予測の精度は五割を中央値とした正規分布に従う。（中略）
これは私の実感とも同業者やＭＢＡの教授の話とも整合しているのでまず間違いない。
（『世界中のエリートの働き方を一冊にまとめてみた』
ムーギー・キム著　東洋経済新報社刊）

相場の予測を当てるのは難しく、勝率を挙げることは実に困難なのである。だから勝率にこだわり過ぎる必要はない。むしろ重要なことは、自分にあったスタイルでプラス収益を出すということかもしれない。一勝九敗でも収益を上げるスタイルはある。

ただ、逆に九勝一敗でもマイナス収益に陥ることもあるのだ。それを身に染みて感じた経済事件がある。それこそ、二〇〇八年の金融危機である。

神になれなかったクオンツたち

コンピュータの登場と同様に金融界における分析能力を劇的に飛躍させた存在がいる。「クオンツ」と呼ばれる金融工学の専門集団だ。クオンツは、元々NASAのロケット工学に従事していた科学者であったが、米ソの宇宙ロケット開発競争の終焉により、彼らがウォール街に職を求めて流れ込んだことによって生まれた。ロケットの軌道分析を株価の軌道分析、つまりチャート分析に応用し始めたのである。

これによって、それまではごく一部で取り組まれていた金融工学という学問が、まったく新しい形として花開くことになる。金融工学はリスクやリターン、理論的な価格などを数学、確率統計やコンピュータを駆使して数値化し分析することで、彼らは株価の未来の動きを予測していた。金融工学によって、一日後の株価の動きの範囲が特定できると考えられていた。それで得られた投資対象を今度は分散効果で限りなくリスクをゼロに、ブレないようにコントロールしようとした。彼らの予測はほぼ正確に当たり、収益を積み上げて行った。一時的ではあるが、彼らは相場の世界で未来を予測する神になることに成功した。それを一瞬に消し去った出来事が、二〇〇八年の金融危機である。

二〇〇八年の金融危機は、本来起こり得ないことが起きた。統計用語で表すと、一説には7σ（セブン・シグマ）のことが起きたと言われる。確率にして四〇〇〇億分の一である。ジャンボ宝くじの一等に当たる確率が一〇〇〇万分の一、隕石に当たる確率が一〇〇億分の一というから、この数字がどれだけ起こり得ない数字なのかがわかるだろう。しかし実際にはそれは起こり、それまで神の地位にいたクオンツ達は一気に地べたに叩き落されたのだ。

心理学を相場に応用

時に、科学者はその予測を大きく見誤ることがある。古くは、ニュートンの逸話が有名だ。アイザック・ニュートンは「万有引力の法則」を発見したイギリスの天文学者だ。ニュートンの肩書は天文学者の他、自然哲学者、数学者、物理学者と多岐に亘る。まさに天才だ。その天才の彼が、晩年造幣局長時代に起きた「南海バブル」によって大損をしている。その時、有名な言葉を残した。「天体の動きはいくらでも計算できるが、群衆の狂気は計算できない」。二〇〇八年に起きたクオンツ達の敗北も、群衆の狂気を読み切ることができなかった結果であろう。

実は、相場を分析する時に忘れてはいけない重要な要素が一つある。それは、人の心理だ。近年注目されている要素で、心理学を経済に応用した行動経済学が特に注目されている。行動経済学は一九九〇年代より急速に発展した学問で、多数のノーベル経済学賞を輩出している。昨年ノーベル経済学賞を受賞したのも行動経済学者で、米シカゴ大学のリチャード・セイラー教授の名前は記憶に新しい。行動経済学の根本になる考え方は、「人は合理的に判断するのではなく、何らかのバイアスがかかった判断になっている」ということだ。合理的な判断

確率比較――2008年は超異常

ジャンボ宝くじの1等に当たる確率

10,000,000分の1

隕石に当たる確率

10,000,000,000,000分の1

7σ（2008年に起きたこと）

400,000,000,000,000分の1

をする金融工学との差がここにあり、これによってニュートンやクオンツ達が計算間違いをしたのである。

一例を出してみよう。一〇〇％のインパクトがどれだけ大きいか、というものである。次のAとBであなたはどちらを選択するだろうか。

A：一〇〇％の確率で一〇〇万円もらえる。

B：　七五％の確率で一五〇万円もらえる。

金融工学では期待値を出して判断する。Aは一〇〇％×一〇〇万円で、期待値は一〇〇万円。Bは七五％×一五〇万円で、期待値は一一二・五万円。AよりもBの方が期待値は高くなるので、金融工学から見て合理的な判断はBを選ぶことだ。しかし、実際にはAを選ぶ方がいる。しかも相当な数で、質問する対象にもよるだろうがBよりもAを選択する方が多くなったりする。確実にもらえる方をみんな選ぶのだ。

もう一例、出してみよう。次のCとDではあなたはどちらを選ぶだろうか。

C：必ず一〇〇万円を払う。

Ｄ：四分の三の確率で一五〇万円を支払うが、四分の一の確率で何も払わなくてよい。

今度の期待値は、Ｃはマイナス一〇〇万円、Ｄはマイナス一一二・五万円で、Ｄの方がより損をする計算となる。金融工学を使えばＣを選ぶのが当たり前だ。しかし、Ｄを選ぶ方が少なくない。これもやはり質問する対象によるがＣよりもＤを選択する方が多くなったりする。これは、一〇〇％のインパクトと一緒に損失回避の心理が働いた結果だ。必ず損をするＣよりも、損をしないかもしれない選択肢が残されたＤの誘惑が甘美に映るのだ。

このように、人は合理的に判断することが極めて困難なのである。だからコンピュータで合理的に判断しながら全自動の運用を行なったとしても、その時点ですでに失敗している。なぜなら、相場の中に合理的な判断をしないデータが混ざっているからだ。

特殊な分析方法「カギ足」

今の相場で有効な分析方法を考えると、二つのポイントがあることに気付くだろう。まず一つ目は、斬新な分析方法で一般に知られていないこと。もう一つは、人の心理を反映していること。これから紹介する「カギ足」は、その二つの要素をみごとに満たしている。

先の説明と矛盾するようだが、「カギ足」の歴史は存外古い。日本古来の分析方法で、日本で株式取引が始まった明治時代にはすでに存在していたという。「カギ足」を研究した投資家として、昭和の大物相場師である柴田秋豊氏の名前が挙げられる。氏は罫線の研究家で、「棒足」と「カギ足」の二種類のチャートから「売り」「買い」のサインを見出した。この分析は後に「柴田罫線」と呼ばれることになる。

氏の生涯は、まさに相場に徹した人生だった。明治三四年富山の貧しい家で生まれたにも関わらず、大正一二年の二三歳までに米相場の取引で今の価値で一〇億円という莫大な富を築く。しかしその直後に一転、同じく大正一二年九月一日に起きた関東大震災による米相場への影響で今度は同じ程度の負債を抱え込むこととなる。ちょうど振り子が振れるように、まさに天国から地獄へと両極端に振れたわけだ。この時、氏は覚悟を決めた。死にもの狂いで罫線の研究を行ない、みごと昭和七年の三二歳で借金を完済。その後「相場科学研究所」を開設し、「柴田罫線」を世に知らしめた。氏は「カギ足」研究者の第一人者と言ってよいだろう。

このように歴史の古い「カギ足」の一番の特徴は、時間の概念が存在していないということだ。値動きの幅だけで線を引いて行くため、一時間の動きをチャート化したものと一週間の動きをチャート化したものがまったく同じ形になることも起こりうる。具体的な画き方は、上昇相場を例にすると株価が上昇している間は線を上に継ぎ足して行く（一七七ページ図の①）。次に直近の高値に対して一定以上の株価の下落があった場合に初めてヨコ軸を引いて次の行に移る（同図の②）。次の行では先ほどの下がったところまで線を引く（同図の③）。下落している相場は、先ほどと逆に考えればよい。

株価が下落している間は線を下に継ぎ足して行く（同図の④）。次に直近の安値に対して一定以上の株価の上昇があった場合にはヨコ軸を引いて次の行に移る（同図の⑤）。次の行では、先ほどの上昇したところまで線を引く（同図⑥）。「カギ足」の名称は、このチャートのカギ（鉤）状の形を由来とする。

「カギ足」は今の相場で通用するのか

「カギ足」は、コンピュータができるよりもはるかに前から存在した。そのような昔からある分析方法ではあるが、今でも十分有効に活用することが期待できる。理由はいくつかある。

一つ目は、この分析方法がいまだに一般に知られていないことだ。時間軸をなくすことが受け入れづらいからなのか、日本生まれであるにも関わらず日本

カギ足チャートの画き方

■上昇相場からスタートしたカギ足

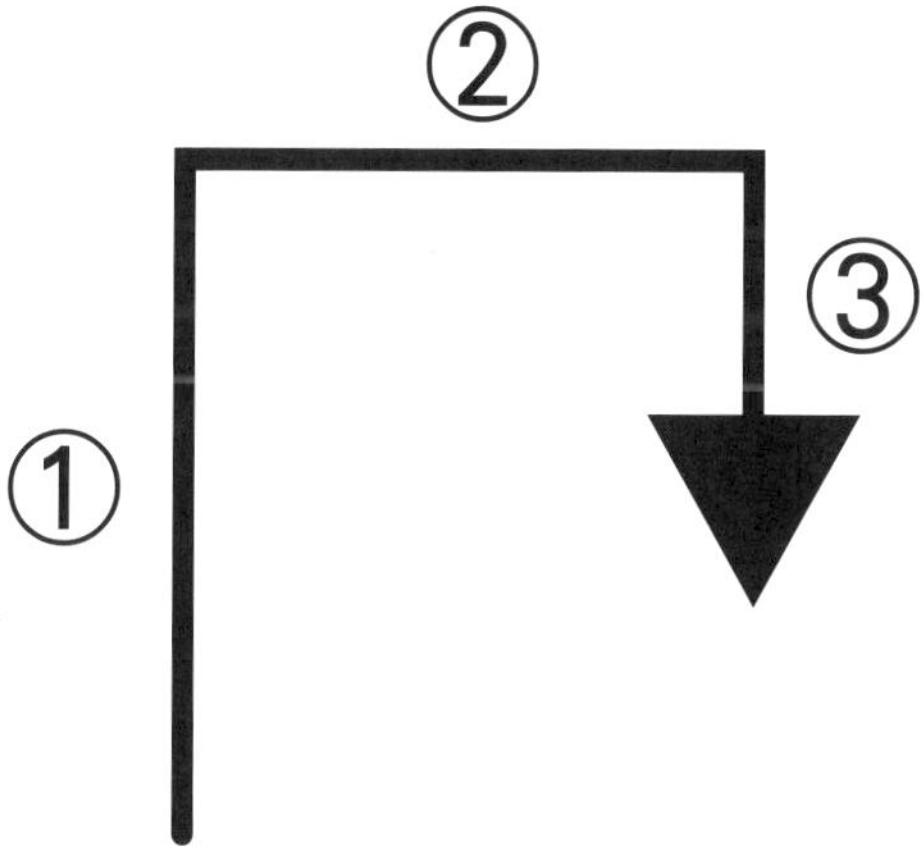

■下落相場からスタートしたカギ足

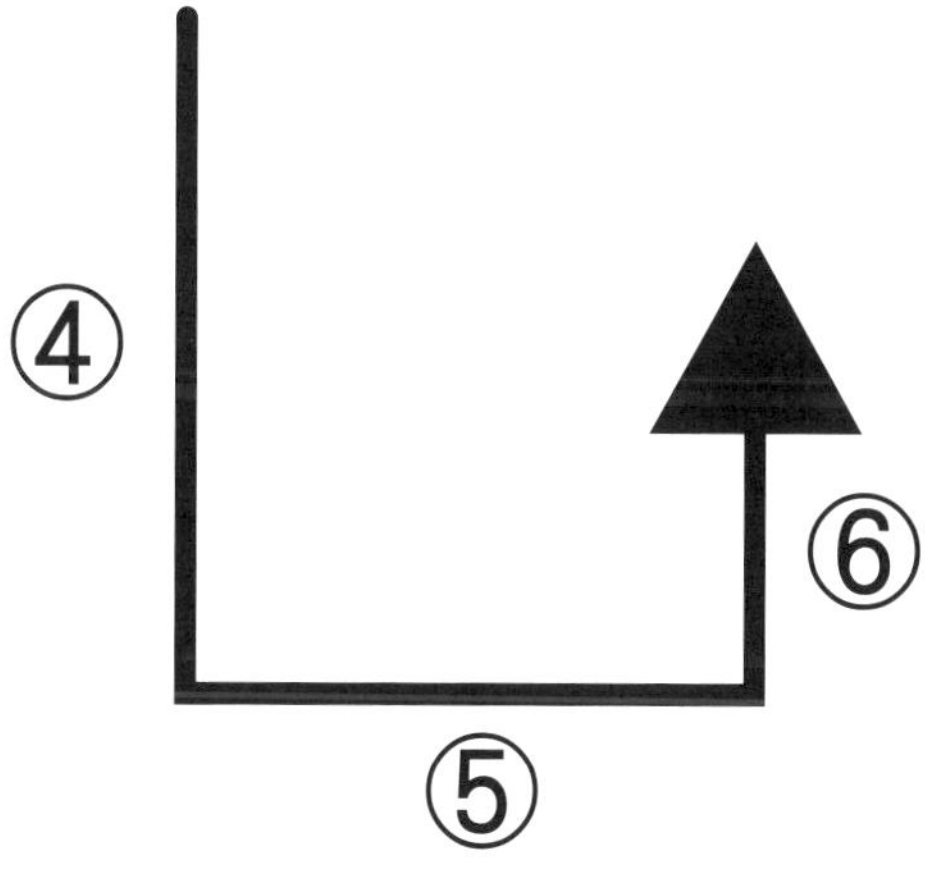

でもほとんど有名になっていない。

二つ目は、画き手が違うとまったく異なるチャートになることだ。「カギ足」は時間の概念を外していることから、ヨコ軸を引く時は直近の高値に対して一定以上の株価の下落がある時、または直近の安値に対して一定以上の株価の上昇がある時、その二つに限られる。〝この一定以上の〟という幅が肝で、その幅の取り方によってまったく異なるチャートになるのだ。相場環境に合いそうな適正な幅をあらかじめ設定しておかないと、「カギ足」はまったく役に立たないチャートになってしまう。幅の取り方が〝秘伝のタレ〟で、門外不出の要素なのである。

三つ目は、「カギ足」は補助の分析を必要とすることだ。「カギ足」は単独で使うよりも、他の分析を補助の役割に取り入れて分析することが多い。希代の相場師柴田秋豊氏も、「カギ足」だけではなく単純な分析方法である「棒足」をその補助の役割で取り入れている。私が信頼する「カギ足」分析の専門家である川上氏も、「カギ足」だけで投資判断を行なうことはまれで、そこに「メド」

（川上氏の呼び方、節目のようなもの）など独自の分析方法を取り入れている。

補助の役割で入れる分析は人によって異なるため、この部分も秘伝のタレの隠し味になる。当然、隠し味が違えば判断基準が異なってくる。「カギ足」が、今の相場で有効な分析方法の一つ目の要素、斬新な分析方法で一般に知られていないこと、を満たすことがよくご理解いただけるだろう。

結論から申し上げると、もう一つの要素、人の心理を反映していることも「カギ足」は満たしている。川上氏に言わせると、「カギ足」は相場の弱い大衆心理を反映させることができるという。相場には、いつの時代でも人の心理が入り込んでいる。今のようにコンピュータ取引が多くなったとしても、人がいなくならない限り、大衆心理が存在する。

その大衆心理には、二つの種類があると川上氏は言う。一つは強い大衆心理、確固たる自信を持って取引を行なうケースだ。円安だから株を買う、円高なので株を売るという具合のものだ。そのような強い大衆心理は、時代の流れで判断が変わったりする。今や円高は株安の材料であるが、昔は円高が株高の材料

カギ足分析の代表的な信号2

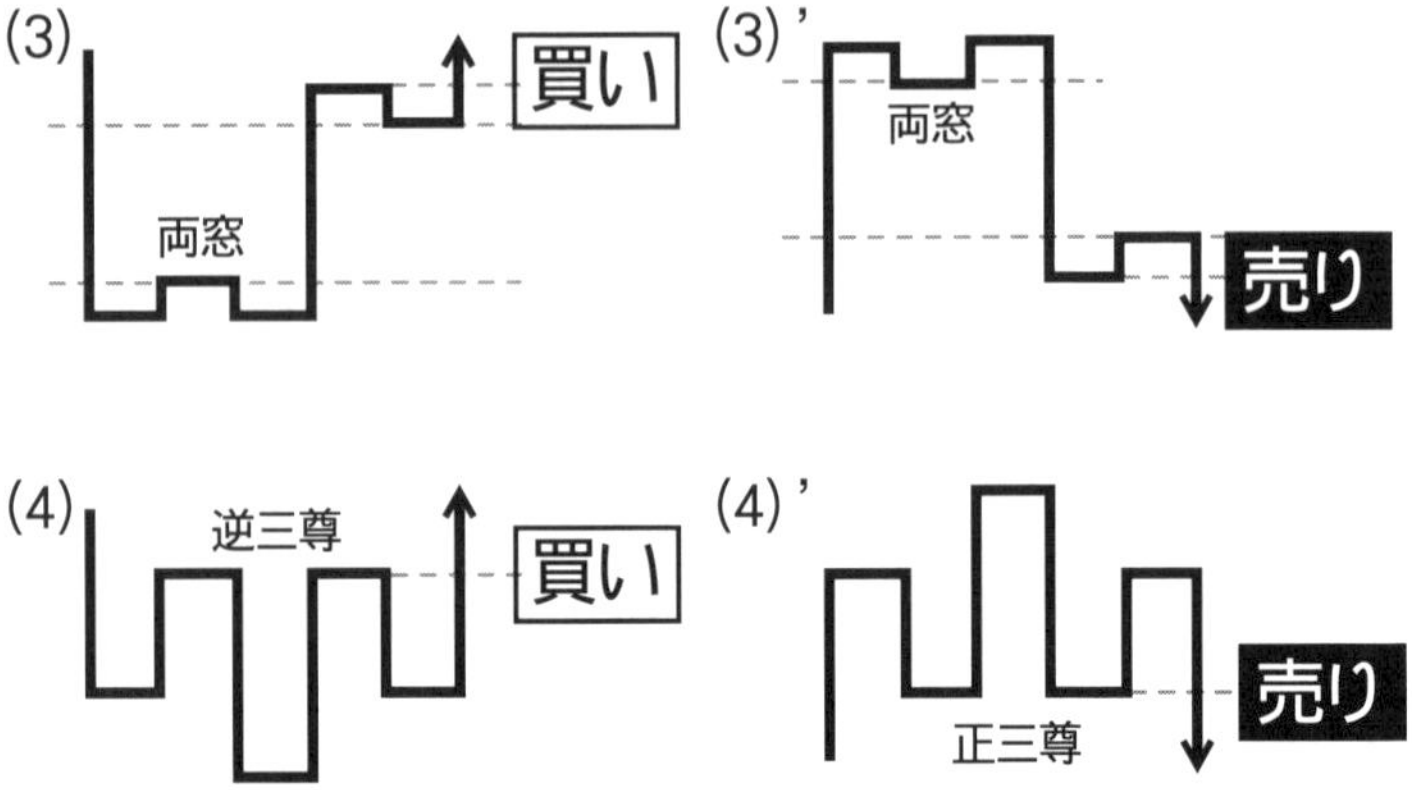

（3）両窓

上昇時の窓とその後の天井打ち下降時の窓がほぼ同水準にある場合、これを「両窓」と呼ぶ。両窓を開けての下降は、天井打ち確認からの強力な売り信号となる。逆の場合の両窓を開けての上昇は、底入れ確認からの強力な買い信号と言える。

（4）三尊

図のように三つの肩が形成され、両側の肩と腰がほぼ同一値の場合を「正三尊」と呼び、「これ以上の上昇は難しい」という天井を確認する形となる。一方、「逆三尊」は底入れ確認の形である。

カギ足分析の代表的な信号1

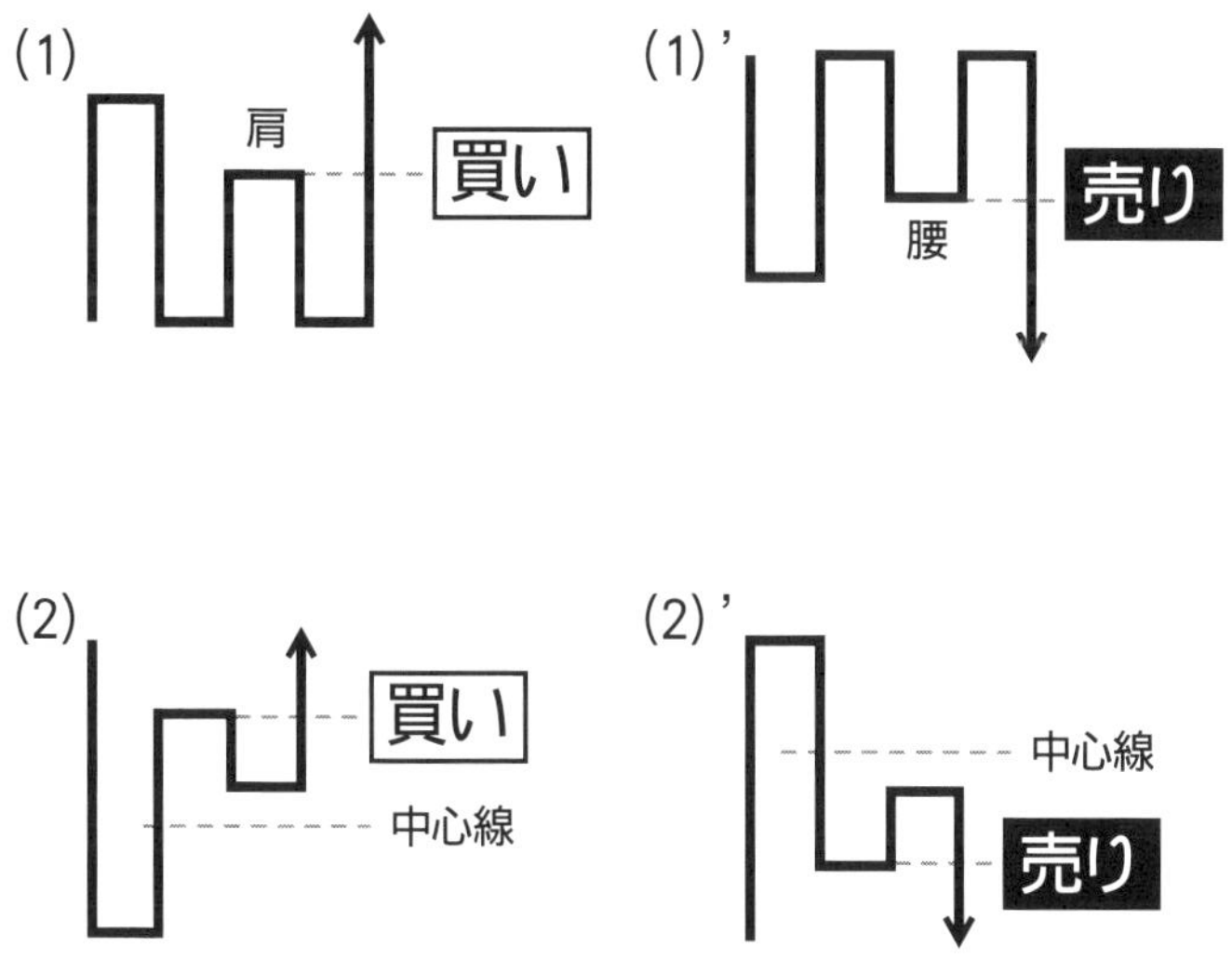

（1）（2）一段抜き

株価が直前の肩を抜いたところで買い（肩抜き）、株価が直前の腰を下回ったところで売り（腰割れ）。同じ肩抜きでも前回の陽線の中心点を切らずに上昇すれば買いの勢いが強くなる。同様に同じ腰割れでも、前回の陰線の中心点を上回らずに下降すれば売りの力がより強力だと言える。

だった時代もあるのだ。そうすると、強い大衆心理を分析しても役に立たない。

一方で、弱い大衆心理とはこらえきれなくなった場合である。あまりにも下落するので損切りするために売った人、または、先に下落すると予測して「売り」から始めた投資家で、その後あまりにも上昇する中で持ちきれなくなり、決済を強いられて反対売買の「買い」を行なった人などである。このような弱い大衆心理は、いつの時代でも同じように存在する。そして驚くことに、川上氏はその弱い大衆心理を反映させるように「カギ足」を作成できるのだ。ここでのポイントは、やはり幅の取り方である。

このように、「カギ足」で分析しながら他の補助の分析を加えることで、今の相場に十分対応することが可能なのである。一八〇～一八一ページに「カギ足」分析の代表的な売り買いのサインを解説付きで載せておこう。少し専門的になるので、難しいと感じる方は飛ばしていただいても構わない。逆に、「カギ足」についてもっと詳しく知りたい方は拙著『株は2万2000円まで上昇し、その後大暴落する!?』（第二海援隊刊）をお読みいただきたい。

第五章　様々な分析手法とカギ足

——応用・実践編

ポイントは短期戦略と長期戦略の活用

ここまでバフェットやソロスの投資手法、株式市場のトレンド、一般的なテクニカル分析やファンダメンタル分析、さらにカギ足による分析などについて書いてきたが、最終章ではそれらの「応用・実践編」としてまとめたい。テーマはズバリ「いかにして儲けるか」である。そういう意味で、この第五章がもっとも重要な部分であるし、読者の皆様にとっても非常に気になるところだろう。

今後の株式市場で利益を上げるには、短期戦略と長期戦略の二つを上手く活用するのがポイントになると私は考えている。短期戦略では、株価の上昇・下落、将来予想される国家破産に伴う日本国債や円の暴落といったトレンドを予測し、その予測に則って売買し利益を上げることを目指す。投資期間は一、二年が目安だ。現物株だけでなく、日経平均や日本国債の先物、ＦＸなども利用する。

この短期戦略は、特に暴落局面で大きな利益を狙うジョージ・ソロス的な手法と言える。一方、長期戦略では日本とアメリカを中心に成長株を十年単位でじっくり長期保有し、収益を狙う。長期戦略はウォーレン・バフェット的な手法である。では、短期・長期それぞれの戦略についてさらに詳しく解説しよう。

短期戦略――ソロス的手法。トレンドの予測が鍵

短期戦略のカギを握るのが、トレンドの予測だ。ただし、いうまでもなく予測が一〇〇%的中することなどありえない。予測を完全に信じて投資することほど危険なことはない。予測を立てる時は、「絶対にこうなる」と考えるのではなく、「こうなる可能性が高い」という程度に考え、そうならなかった場合の手をあらかじめ準備しておくことが大切だ。

トレンドを予測する際、私が参考にするのが第四章で解説したカギ足による

分析だ。カギ足チャート分析の専門家である川上明氏の分析に、様々な情報から導き出した私自身の大局的な相場観を加えてトレンドを判断・予測する。その予測を元に、短期の投資戦略を取る。

ただ、短期と言っても一日で売買を終了するデイトレードや、機関投資家などが行なうコンマ何秒という超高速で売買するハイフリークエンシー・トレード（高頻度取引）のような超短期取引ではない。ここで言う短期とは、一、二年程度の期間が目安になる。もちろん状況によっては保有期間が数ヵ月と短くなったり、三、四年と長くなったりする可能性はある。いずれにしても、一〇年単位の長期運用に比べれば短期での運用ということだ。

では、短期戦略のカギを握る今後のトレンドがどうなるのか見て行こう。まず、本書を発刊した二〇一八年から二〇一九年前半にかけて、株式市場はおおむね好調を維持し、特に日本株についてはバブルの様相を呈するだろう。本書を執筆している二〇一八年一月現在、日経平均は二万三〇〇〇円を上回る水準まで上昇している。ここから一度、調整はあるかもしれないが、最終的には二万七〇〇〇円近辺を目指す動きとなるだろう。

ただし、相場というものは、上昇・下落のいずれについてもしばしば行き過ぎるものだ。勢いが付けば、三万円あるいは三万円近くまで上昇する可能性も十分考えられる。もちろん、絶対に三万円近辺まで上昇するなどとは考えるべきではない。あくまでも予測であり、可能性だ。

この間は、小型株に投資する方が効率がよいだろう。安定している分、値動きが小さい大型株を買ってもそれほど大きな利益は望めない。小型株で三〇～四〇%あるいは二倍、三倍といった大きな利益を狙うのがお勧めだ。ただ、一般に小型株は大型株に比べ、上げ幅が大きい分下げ幅も大きい。ハイリスク・ハイリターンである点は十分認識しておきたい。暴落局面に入ると、下手をすると、売り一色となり売買が成立せず、売り逃げることができなくなることもある。もしもカギ足で暴落のサインが出たら、なるべく早く売ることをお勧めする。その時は保有している他の現物株についても、暴落局面に入る前にすべて売り逃げるのが賢明だ。

二〇一九年後半から二〇二〇年にかけては、日本株が暴落する可能性が高い。下手をすると日経平均は、一万四〇〇〇円程度まで下落するかもしれない。さすがに一万円割れや、ましてやリーマン・ショック直後の七〇〇〇円台まで落ち込むことはないと思うが、一万四〇〇〇円でも大変な暴落だ。仮に二〇一八年から二〇一九年前半にかけての上昇相場が二万八〇〇〇円まで達したとすると、ちょうど半値になるというわけだ。日経平均が半値になれば当然、個別株の中にはさらに大きく下落するものも出てくる。銘柄によっては、三分の一とか四分の一まで下落するだろう。

本格的な株の暴落局面では日経平均先物を売り建てるのが有効だ。下落トレンドに上手く乗ることができれば、大きな利益が得られるだろう。さらに、どんなに大きな暴落であっても株価はいずれ大底を打つ。大底が近いと判断した時点で売りポジションを手仕舞い、再び現物株を買うとよい。暴落時に株を買うというのは思いの外、勇気が要るものだし、大底をドンピシャリで当てるのはほぼ不可能だから、「大底圏で買えれば良し」とする大らかさと、そこから株価がもう一段下げようが動じない精神的ゆとりを持って投資することが肝心だ。また、株というものは銘柄によって、ある種のクセというか値動きに特徴がある。当然、大底を打つタイミングも異なるわけで、この点にも注意したい。

二人の伝説的相場師とオプション取引との出会い

暴落時（あるいは急騰時）に利益を上げる方法としては、先物取引の他に〝オプション取引〟というものがある。日経平均株価を対象とするオプション取引があるのだ。私も取引経験があるが、これは使いこなすのが非常に難しい。

私がオプション取引を知ったのは、バブル崩壊直後の頃だ。バブル崩壊後の本格的な株の暴落は、一九九〇年二月に始まった。四万円近くまで上昇した日経平均は、一九九二年夏には一万四三〇九円まで下落した。

当時、私は毎日新聞社でカメラマンをしていたが、ＴＢＳのプロデューサーを務めていた知人と経済に関する様々な取材をしていた。当時、私が注目し取材した人の中に、浦宏という人がいた。すでに亡くなっているが、「最後の相場師」とも言うべき人物だった。体が大きく、ぎょろっとした目は怪物さながらの迫力で、映画『スターウォーズ』に出てくるジャバ・ザ・ハットのような雰囲気であった。実は彼はとんでもない人で、あの九〇年二月以降の日本株の大暴落を事前に予測していたのだ。八九年年末に発売された『週刊文春』で、日本株についての浦宏の予測が連載記事として始まった。そしてなんと連載の初回に、年明け早々、日本株の大暴落が始まると断言し、しかもその予測をピタリと当てたのだ。

八九年の大納会（その年の最終取引日）は十二月二九日。当時、大納会は前場（午前）のみで取引が終了した。その時、日経平均は史上最高値の三万八九一五円を付けた。あれから三〇年近くが経つが、日経平均はいまだ当時の最高値を抜くことができずにいる。浦宏の連載記事が世に出たのは、ちょうどその時期だ。当然、原稿の締切りはそれより前になるわけで、おそらく数日前のクリスマスの頃だろう。日経平均は力強く上昇し、誰もが株価のさらなる上昇を信じて疑わなかった。

世はまさにバブル真っ只中。証券業界は空前の活況を呈し、小さな証券会社の事務を担当する新入女子社員でさえ三〇〇万円とか四〇〇万円ものボーナスをもらっていた。経費も使い放題で、うなぎや寿司などの高級料理もいくらでも食べることができた。「日経平均は一〇万円になる」と予測する証券会社さえあった。地価も異常な高騰を見せ、「東京の山手線内の土地の合計額だけでアメリカ全土の土地が買える」とさえ言われた。「購入した物件を一週間後に転売したら三〇〇〇万円儲かった」などという話がゴロゴロしていた。

タクシーを拾うのも一苦労だった。あれは確か、八八年か八九年の一〇月頃だったと思う。急に冷え込んだ金曜日の夜、私は西麻布で飲んでいた。すっかり飲み過ぎてしまい、店を出た時には一時過ぎ。すでに終電は終わっていた。大通りに出てタクシーを拾おうとしたが、三〇分経っても一時間経っても一台もつかまらない。当時、このような経験をした人は多いだろう。近距離だと乗車拒否されることも少なくなかった。当時は、一万円札を見せてタクシーをつかまえたという話もある。一万円札をくるくるっと円錐形に丸めて手に持って止めるのだ。この一万円はタクシー料金ではない。チップである。「一万円のチップをあげるから止まってくれ」、というわけだ。

日経平均が四万円弱を付けた日本株についても、その明るい未来を疑う者はほとんどいなかった。そのような時に、浦宏は日本株の大暴落を予測したのだ。私は日本株が暴落した直後、この暴落について徹底的に調査していた。浦宏が書いた記事を見付けたのはその時だった。記事を読んだ私は絶句した。

その後、日経平均は暴落に次ぐ暴落という状況となり、九二年夏には一万四三〇九円を付けるまでになった。史上最高値から三分の一近くまで下落したのである。この年、日本株は春頃から下落に拍車がかかり、八月頃には市場はさながらパニックの状態であった。マスコミがこぞって報道する「日本経済崩壊」といった類の論調に、私も「これからどうなってしまうのだろう」と不安を覚えた。私は浦宏に会いに行くことを思い立った。八月初旬の暑い日、TBSプロデューサーの知人と一緒に彼の自宅を訪ね、直接多くの話を聞いた。

会うなり、彼はとんでもないことを言った。「もうすぐ株は大反転するよ」と。いくら彼の言うことでも、正直言ってすぐには信用できなかった。しかし、実は彼の予測には根拠があった。当時、竹下登元首相と野村證券の会長を務めた田淵節也が極秘の会談を行ない、郵貯と簡保の公的資金を使い、株価を支えようということになった。こうして、「ＰＫＯ」（プライス・キーピング・オペレーション）と呼ばれる株式市場への介入が行なわれた。この市場介入により株式市場に巨額の資金が流れ込み、日経平均は八月中旬から九月上旬までのわずか三週間で一万九二〇〇円台まで上昇した。一万四〇〇〇円台の安値から、値幅にして五〇〇〇円も上昇したのだ。私は「浦さんがそこまで言うのなら」と自分で選んだ個別株を二、三銘柄買い、多少の利益が出た。

ちょうどその頃、浦宏とは別にもう一人、謎の相場師ともいうべきミスターＭにも話を聞くことが多かった。この株価急騰の直後にその時の顛末を語ると、彼は私に「あんた、阿呆やな」と言い放った。「もしもオプションをやっていたら、資産は四〇〇倍になったのに」と言うのだ。一〇〇万円投資していれば四億円に、一〇〇〇万円なら四〇億円になったということだ。

当時、いくら日本株が急騰したと言っても、四割か五割程度の話だ。二倍にもなっていない。それなのに、なぜ資産が四〇〇倍にもなりうるのか？　私は、オプション取引について調べてみた。

短期間で大きな利益が得られるオプション取引

オプション取引とは、対象となる資産を買う権利と売る権利を売買する取引である。「コール」という買う権利と、「プット」という売る権利があり、その権利そのものを売買する。コール、プットに価格が付き、その価格が激しく上下するのだ。コールを買うと相場が上がれば儲かり、プットを買うと相場が下がれば儲かる。

日経平均のオプション取引や先物取引には、スペシャル・クォーテーション（ＳＱ）と呼ばれる決済期限がある。ＳＱは毎月第二金曜日となっており、決済されなかったオプション取引の清算をするわけだ。

事例を挙げて説明しよう。たとえば、日経平均が一万四三〇九円の安値を付けた九二年八月一八日の時点で、権利行使価格一万七〇〇〇円の九月物のコールを買ったとする。これは「九月のＳＱの時点で、（その時の日経平均の水準に関わらず）日経平均を一万七〇〇〇円で買う権利を得た」ということである。

仮に九月のＳＱの時点で、日経平均が一万八〇〇〇円になったとしよう。その時点で一万七〇〇〇円で買う権利を行使すれば、差額の一〇〇〇円が利益になるわけだ。逆に、日経平均が一万六〇〇〇円に下落した場合はどうなるか？読者の多くは一〇〇〇円の損失になると思うだろう。しかし、そうはならない。オプションの買い手は、損失が出るような場合は権利を行使しなければよいのである。では損失は出ないのかというと、もちろん、そんな上手い話はない。実際は、オプションを買った時の代金（これを「プレミアム」という）がパーになるのである。

このように日経平均の上昇を予測した場合、「コールを買う」という方法があるわけだが、他に「プットを売る」という方法もある。プットの買い手は相場が下がれば儲かるわけだから、プットの売り手は相場が下がれば損する。逆に言えば、相場が下がらなければ儲かるわけだ。コールを買うのもプットを売るのも日経平均が上がれば儲かり、下がれば損するという点では同じだが、コールにしろプットにしろ、買いと売りとでは損益の可能性に大きな違いがある。

コールおよびプットの買いの場合は、相場が予測通りの方向に動けば利益は理論上、無限大（といっても本当の無限大ではなくかなり大規模にという意味だ）に膨らむ。「一万七〇〇〇円のコールの買い」を例に取ると、SQの時点で日経平均が一万八〇〇〇円になれば差額の一〇〇〇円が儲けになるし、二万円になれば差額の三〇〇〇円が儲けになるという具合だ。相場が予測と逆方向に動いた場合は、投資額（プレミアム）を失う。言い換えると、相場が予測と逆方向にどんなに大きく動いたとしても、損失額は投資額の範囲内に限定される。

一方、コールおよびプットの売りの場合はこの損益の可能性が正反対になる。相場が買い手の予測通りの方向に動いた場合、損失は理論上無限大に膨らむ。

先の例で「一万七〇〇〇円のコールの売り」を行なった場合、ＳＱの時点で日経平均が一万八〇〇〇円になれば差額の一〇〇〇円が損失になるし、二万円になれば差額の三〇〇〇円が損失になるという具合に、損失額は無限大に拡大する。相場が買い手の予測と逆方向に動いた場合は、買い手が支払ったプレミアムが売り手の儲けになる。言い換えると、相場が買い手の予測と逆方向にどんなに大きく動いたとしても、売り手の利益はプレミアムの範囲内に限定される。

つまり、オプションの買い手は「利益は理論上無限大、損失は限定」となり、オプションの売り手は「利益は限定、損失は無限大」となる（正確には、プットについては、買い手の利益と売り手の損失は無限大にはならないが、非常に大きな損益が生じる可能性があることに変わらず、便宜上「無限大」と表記した）。

このような特徴を聞けば、売り手より買い手の方が有利だと思うだろう。利益は限定されず、損失は限定される方がよいと考えるのが普通だ。しかし実は逆で、基本的にオプション取引はコールにしろプットにしろ売り手が有利にできている。

本書はオプション取引の解説本ではないので詳細の説明は控えるが、オプション取引はよく保険の仕組みにたとえられる。オプションの買い手が保険の加入者、オプションの売り手が保険会社という構図だ。オプション取引のプレミアムは保険料に相当する。保険では加入者が保険料を払い、保険金の支払い対象となる事故が起きた時に保険金を受け取る。それに対して、保険会社は保険料を受け取り、保険金の支払い対象となる事故が起きた時に保険金を支払う。金銭面での損益を考えた場合、加入者は全体で見ると必ず損失となり、保険会社は必ず利益が出る。これと同様に、オプションの買い手は損失となり、オプションの売り手が利益となる確率が高くなるわけだ。

このようなオプション取引の特徴を知ると、オプションの売りをやりたくなるが、安易に手を出すと破滅しかねない。オプションの売りは、読みが外れれば損失が無限大に膨らむ。ずぶの素人が事業費や死亡率、運用利回りなどをきちんと考慮せず、安易に保険会社を経営するようなものだ。

九二年八月一八日に話を戻そう。この時点で、権利行使価格一万七〇〇〇円の九月物のコールのプレミアムはほとんどタダ同然である。一万四三〇九円の日経平均が、九月までの約一ヵ月で一万七〇〇〇円まで戻るなどと考える人はほとんどいないから、そのプレミアムにはほとんど価値がない。とは言っても、ゼロ円では売買できないので、そのような場合は最低価格の五円（現在は一円で売買できるが、当時は五円が最低であった）で売買されることになる。

仮に、五円で買ったとしよう。オプション取引の売買単位は「枚」であるが、最低取引単位の一枚を売買した場合でも倍率は一〇〇〇倍である。つまり、五円のプレミアム一枚の支払い代金は五〇〇〇円となる。日経平均が九月のＳＱまでに一万七〇〇〇円を上回らなければプレミアムは無価値となり、投資額の五〇〇〇円を失うことになる。

ところが、この時は違った。そう、「相場はある日突然激変する」の通り、その時実際に激変したのだ。日経平均は九月一〇日には一万八九〇八円まで暴騰した。この時点で権利行使をすれば、差額の二〇〇〇円あまりが利益になる。実は、この二〇〇〇円というのはとてつもない利益である。買い値を思い出して欲しい。五円である。それが一ヵ月足らずで二〇〇〇〇円になったということだ。なんと、四〇〇〇倍である。つまり、投資額の五〇〇〇〇円は二〇〇〇万円になるわけだ。もし、五万円投資していれば二〇〇〇〇万円になる。

私もその直後から、オプション取引に興味を持ち、自分なりに勉強し、実際に取引してみた。日経平均が下落を続けていたある時期、私はいくつかの情報を元に日経平均は間もなく急騰すると判断した。そこで、私は四〇〇〇万円ほどでコールを買った。買った直後、アクシデントが発生する。金丸副総理（当時）が逮捕されてしまったのである。「ああ、これはまずい。株は大きく下がるな」と私は覚悟した。

しかし、相場とは本当に不思議なものだ。なんと、逆に株は大きく上昇したのである。私が四〇〇〇万円で買ったコールのプレミアムは、わずか一〇日ほどで二四〇〇〇万円になった。ところがその後、今度は下がるだろうと考えプットを買ったら、二四〇〇〇万円はあっという間にゼロになってしまった。

このように、オプションは上下変動が極めて激しく、飛び道具のようなものだ。予測が外れると、資金は一瞬にして吹き飛ぶリスクがある。オプション取引は基本的にハイリスク・ハイリターン商品であり、むやみに投資するべきものではない。ただし、相場が反対方向に急激に動きそうな、ここぞという時にオプション取引の買いを行なえば、現物株では到底考えられないほど爆発的に資金を殖やすことが可能なのである。

株の暴落局面で、日経平均の先物を売る、あるいはオプションのプットを買うという取引は、短期間で大きな利益をもたらす可能性がある。特にオプションはなかなか難しいが、買いであれば少額で投資できるし、上手く使うことができれば大変有効なツールだ。

株の暴落と連動して日本国債も暴落？

私は二〇一九年から二〇二〇年にかけての株の暴落は、日本国債の暴落と連動して起きる可能性が高いと見ている。日本国債についても、先物とオプションの市場がある。株に加え、日本国債の下落相場でも収益を狙うことができるだろう。

九〇年の株の暴落の際には、日本株、日本国債、日本円のトリプル安が起きた。まず為替が円安に振れ、それから株と債券が下落した。実はこの動きは、国債暴落時の典型的なパターンに似ている。まず通貨が下落し、それに伴ってインフレが進行する。インフレを抑えるために中央銀行は金利を引き上げるが、思うようにインフレが制御できないと金利が急騰し、その結果、株も国債も大きく下落するという展開である。

次回の暴落の際もこのような展開でトリプル安になる可能性はあるが、現実にはどうなるかはわからない。最近は円安になると株が上がり、円高になると株が下がるという傾向が顕著だからだ。そういう意味では、トリプル安ではなく株安・債券安・円高という展開も十分考えられ、この局面では為替取引は控えるのが無難だろう。

いずれにしても日本国債については、これまで日銀が異次元緩和の名の下に相当無理をして買い進めてきたため、市場機能は完全に失われている。そのため本格的な下落相場に突入すれば、手の付けようがないほどにひどい状況になるだろう。国債相場の急激かつ大幅な下落は、短期間に大きな利益を上げるチャンスとなる。

これこそ、ソロスが得意とする手法だ。ソロスの手法は「売り」を中心とする。先物やオプションを使えば、暴落ほど短期間に儲かるものはないからだ。実は機関投資家も含め、日本国債の売りを仕掛けるタイミングを虎視眈々と狙っている投資家は少なくない。もちろん、ソロスもその一人だ。日本国債が崩れ始めたら、世界中の投資家がこぞって売ってくる可能性が高い。

さらにその後、二〇二二年から二〇二五年頃にかけて、日本は本格的な国家破産状態に陥るだろう。その時には、「日本売り」の流れが強まる。いよいよ日本円は売られ、大きな円安トレンドが訪れるだろう。円を売ることで、為替取引でも大きな利益を上げるチャンスの到来だ。

長期戦略――ウォーレン・バフェット的発想

長期戦略では、米国株と日本株を中心に成長期待の高い株を、一〇年単位でじっくり保有する。アメリカにはＩＴ関連などで株価が大幅に上昇し、今後もさらなる上昇が期待できる銘柄がいくつもある。

ただ、いくら成長期待がある銘柄だとしても、一銘柄に集中投資するのは避けるべきだ（バフェットの集中投資が可能なのは、常人では考えられないような徹底的な調査・分析の裏付けがあるからである）。資金量にもよるが、五〜一〇銘柄程度に分散して、じっくり保有するのが良いだろう。有望な銘柄に適切に分散すれば、資金を一〇年で三倍くらいにすることは不可能ではない。

一方、日本株については誰もが知る有名企業の銘柄には大きな利益は期待しづらい。むしろ、地方の証券取引所に上場している銘柄や、マザーズ、ジャスダックなど新興市場に上場している銘柄で、さほど知名度は高くないが成長力のある隠れた優良企業の株を長期で保有するのがお勧めだ。

長期戦略には二つの方法がある。日米の成長株で良い銘柄を見付け、二〇一八年のうちに買ったとしよう。もしも私の予測通り二〇二〇年頃に世界的な株の暴落があれば、成長株であっても相当な影響を受けると考えられる。仮に日経平均が半値になったとしよう。仕手株などの中には株価が三分の一、四分の一に暴落するものも出てくるだろう。そのような中、成長株は文字通り成長期待が高く、投資家の人気がある程度下支えする可能性はあるが、それでもまったく下落しないということは考えにくい。良くても二、三割、場合によっては四割くらい下げても不思議ではない。

そこで、下落の可能性が高いと考えられる局面では、成長株であってもとりあえず売却する。そして、下げ止まった時点で再び買い直すと良い。これが長期戦略の一つの方法だ。もちろん、この判断は決して簡単ではない。売りタイミングや買いタイミングを逃してしまう可能性もある。

そこで、もう一つの方法として一〇年でも二〇年でもただひたすら持ち続け

長期戦略：10年

バフェット的発想

＝10年で3倍

日米の成長株

（長期保有）

短期戦略：1～2年

ソロス的手法

2018-19年	バブル
・小型株 ・暴落直前に全株売り逃げ	

2019-20年	株暴落
・大底で現物株の買い出動	

2020年	国債暴落
・国債先物で大儲け	

2022-25年	国家破産
・為替先物で大儲け	

るのも悪くない。多少の価格変動には目をつぶり、それとは別の先ほどの短期戦略の売買で利益を上げてカバーするという作戦だ。銘柄を適切に選べば、たとえ保有中に暴落に巻き込まれたとしても、長期的には株主に十分な利益をもたらすだろう。

カギ足分析を活用すれば、株式投資で儲けることは難しくない

以上、短期戦略と長期戦略について述べてきたが、問題はトレンドと相場の転換点をいかに予測するかだ。特に、短期戦略については読みを誤れば致命傷になりかねない。そこで、カギ足を利用することをお勧めする。カギ足ほど、トレンドと相場の転換点を予測するのに有効なツールはないからだ。カギ足が「売り転換」、あるいは「買い転換」のサインを出した時に取引をすることで、株式投資で利益を上げられる可能性は飛躍的に高まるだろう。

読者の中には「よし、カギ足分析に挑戦しよう」と思った方もいるかもしれ

ない。しかし、一般の投資家が本当に有効なカギ足分析を行なうことはまず不可能だ。まず、カギ足自体の情報が少ないし、本当の意味でカギ足を相場分析に役立てている人は極めて少ない。

実は、カギ足は描くだけなら誰にでも簡単に描けるが、シンプルで情報量が少ないがゆえに非常に奥深く、その分析および判断をもって実際の投資に活かすのは至難と言える。まさにカギ足分析は日本で古来から伝えられた「秘伝」であり、だからこそ相場分析に有効なのだ。誰もが知り得る一般的なテクニカル分析を必死に勉強すれば儲かるほど、相場は甘いものではない。

では、相場分析に有効なこのカギ足分析を利用する方法はないのか？　実はカギ足分析の第一人者である川上明氏と私との二人の指導体制の下で、「日米成長株投資クラブ」という会員制クラブを二〇一八年四月に発足することとなった。このクラブならば、川上明氏のカギ足分析を有効にそして手軽に活用できる。本章で述べた短期戦略・長期戦略をもって、株を中心に債券や為替相場も上手く使いながら一〇年で資産を大きく殖やすことを目指す、日本初の会員制クラブとなる。

短期戦略では一〇年で一〇倍、長期戦略では一〇年で三倍程度に資産を殖やすことを目標にする。川上明氏が永年かけて培ったカギ足ノウハウを有効に活用すれば、実現は十分可能だと考えている。ご興味のある方は、ぜひ巻末の連絡先にお問い合わせいただきたい。それでは読者の幸運を祈る！

エピローグ

優れた軍師を手に入れろ

どんなにＩＴが進歩しようが、どれほどＡＩが賢くなろうが、変わらないものがある。それこそ、「大衆心理」だ。それが相場のトレンドを作り出し、マーケットを形成している。

そしてこの本のメインテーマである「カギ足」こそ、その大衆心理を読み解き、誰もが喉から手が出るほど欲しい「買いと売りのタイミング」を教えてくれる〝伝家の宝刀〞なのだ。

その情報を細心かつ大胆に使えば、あなたが億万長者への階段を登るのも夢ではない。そこで第五章の最後にも触れたように、本書を読まれた読者にのみ、カギ足が教える「宝のような情報」に接することができる特別な方法を教えることにしよう。それこそ、川上明氏と浅井隆が主催する日本初の会員制クラブである。そこでは徹底した指導と情報提供が受けられるであろう。人数限定のその特別なクラブについての情報はこのエピローグのすぐ後に掲載されるので、なるべく早くお目通し願いたい。

昔から「時は金《カネ》なり」という味わい深い格言があるが、相場（マーケット）においては「タイミングこそ金《カネ》なり」と言ってよいであろう。そのタイミングをつかみ、現物株から先物、オプションまでさまざまな手法を駆使して「一〇年で資産を一〇倍」にするためのクラブはあなたに莫大な利益をもたらすだろう。私自身も川上明氏と一〇年以上お付き合いして彼の予測の正確さ、その的中率の高さには脱帽している。それがあるからこそ、このクラブを作ってみようという気になったのである。

そのクラブの合言葉こそ、「第2のバフェットか、ソロスになろう‼」である。誤った情報やいい加減なやり方でどれほど多くの投資家が大金を失ってきたことか。今こそ、正しい情報とやり方を武器に大いに儲けようではないか。

それでは一〇年後の成果を楽しみにしつつ、皆様の幸運を祈ることにしよう。

二〇一八年一月吉日

浅井　隆

浅井隆からの重要なお知らせ

——国家破産を生き残るための具体的ノウハウ

浅井隆の「株投資クラブ」がついに始動！

現在の日本および世界のトレンドは、一〇年前の金融危機がまるで嘘のように好調を維持しています。一方、来たるべき次の危機（世界恐慌や重債務国の破綻）への懸念も高まっています。こうした「激動と混乱」の時代は、多くの人たちにとっては保有資産の危機となりますが、「資産家は恐慌時に生まれる」という言葉がある通り、トレンドをしっかりと見極め、適切な投資を行なえば資産を増大させる絶好の機会となります。

浅井隆は、長年の経済トレンド研究から、いよいよ大激動に突入する今この時期こそ、むしろ株投資に打って出る「千載一遇のチャンス」であると確信し、皆様と共にピンチを逆手に大きく資産を育てるべく、株に関する投資助言クラブの設立を決意しました。

アベノミクス以降、日本の株は堅調に上がってきましたが、実はあと一歩の上昇余地があり、二〇一八年春～夏から二〇一九年前半にかけて最高値を試す展開になる可能性があります。次に、二〇一九年後半～二〇年にかけて世界恐慌、日本の国家破産といった有事により株価が暴落する可能性があります。しかしながら、その後の日本株は高インフレで長期上昇を見せることになるでしょう。詳細は割愛しますが、こうしたトレンドの転換点を適切に見極め、大胆かつ慎重に行動すれば、一〇年後に資産を一〇倍にすることすら可能です。

このたび設立する「日米成長株投資クラブ」は、現物株式投資だけでなく、先物、オプション、国債、為替にまで投資対象を広げつつ、経済トレンドの変化にも柔軟に対応するという、他にはないユニークな情報を提供するクラブです。現代における最高の投資家であるウォーレン・バフェットとジョージ・ソロスの投資哲学を参考として、割安な株、成長期待の高い株を見極め、じっくり保有するバフェット的発想と、経済トレンドを見据えた大局観の投資判断を行なうソロス的手法（日経平均、日本国債の先物での売り）を両立することで、大激動を逆手に取り、「一〇年後に資産一〇倍」を目指します。

銘柄の選定やトレンド分析は、私が信頼するテクニカル分析の専門家、川上明氏による「カギ足分析」を主軸としつつ、長年多角的に経済トレンドの分析を行なってきた浅井隆の知見も融合して行なっていきます。川上氏のチャート分析は極めて強力で、たとえば日経平均では二八年間で約七割の驚異的な勝率を叩き出しています。

会員の皆様には、当クラブにて大激動を逆手に取って大いに資産形成を成功させていただきたいと考えております。なお、貴重な情報を効果的に活用するため少数限定とさせていただきたいと思っております。ぜひこのチャンスを逃さずにお問い合わせ下さい。

サービス内容は以下の通りです。

1. 浅井隆、川上明氏（テクニカル分析専門家）が厳選する低位小型株銘柄の情報提供
2. 株価暴落の予兆を分析し、株式売却タイミングを速報
3. 日経平均先物、国債先物、為替先物の売り転換、買い転換タイミングを速報
4. バフェット的発想による、日米の超有望成長株銘柄を情報提供

詳しい連絡は「㈱日本インベストメント・リサーチ」
TEL：〇三（三二九一）七二九一　FAX：〇三（三二九一）七二九二
Eメール：info@nihoninvest.co.jp

厳しい時代を賢く生き残るために必要な情報収集手段

日本国政府の借金は先進国中最悪で、GDP比二五〇％に達し、太平洋戦争終戦時を超えて、いつ破産してもおかしくない状況です。国家破産へのタイムリミットが刻一刻と迫りつつある中、ご自身のまたご家族の老後を守るために

は二つの情報収集が欠かせません。

一つは「国内外の経済情勢」に関する情報収集、もう一つは「海外ファンド」に関する情報収集です。これについては新聞やテレビなどのメディアやインターネットでの情報収集だけでは絶対に不十分です。私はかつて新聞社に勤務し、以前はテレビに出演をしたこともありますが、その経験から言えることは「新聞は参考情報。テレビはあくまでショー（エンターテインメント）」だということです。インターネットも含め誰もが簡単に入手できる情報で、これからの激動の時代を生き残って行くことはできません。

皆様にとってもっとも大切なこの二つの情報収集には、第二海援隊グループ（代表　浅井隆）で提供する「会員制の特殊な情報と具体的なノウハウ」をぜひご活用下さい。

〝恐慌および国家破産対策〟の入口「経済トレンドレポート」

最初にお勧めしたいのが、浅井隆が取材した特殊な情報をいち早くお届けする「経済トレンドレポート」です。浅井および浅井の人脈による特別経済レポートを年三三回（一〇日に一回）格安料金でお届けします。経済に関する情報提供を目的とした読みやすいレポートです。新聞やインターネットではなかなか入手できない経済のトレンドに関する様々な情報をあなたのお手元へ。さらに恐慌、国家破産に関する『特別緊急情報』も流しております。「対策をしなければならないことは理解したが、何から手を付ければよいかわからない」という方は、まずこのレポートをご購読下さい。レポート会員になられますと、様々な割引・特典を受けられます。

詳しいお問い合わせ先は、㈱第二海援隊

TEL：〇三（三二九一）六一〇六　FAX：〇三（三二九一）六九〇〇

恐慌・国家破産への実践的な対策を伝授する会員制クラブ

国家破産対策を本格的に実践したい方にぜひお勧めしたいのが、第二海援隊の一〇〇％子会社「株式会社日本インベストメント・リサーチ」（関東財務局長

（金商）第九二六号）が運営する三つの会員制クラブです。

私どもは、かねてから国家破産対策に極めて有効な対策として海外ファンドに注目し、二〇年以上に亘り世界中の銘柄を調査してまいりました。しかも、海外ファンドの中には様々な金融環境に適応して魅力的な成績を上げるものもあり、資産防衛のみならず資産運用にも極めて有用です。

その情報とノウハウを元に、各クラブではそれぞれ資産規模に応じて厳選した銘柄を情報提供しています（「プラチナクラブ」〈金融資産五〇〇〇万円以上〉「ロイヤル資産クラブ」〈同一〇〇〇万円以上を目安〉「自分年金クラブ」〈同一〇〇〇万円未満を目安〉）。参考までに、二二一ページに各クラブの代表的な銘柄の直近の数字を挙げています。その中でも「ＡＴ」ファンドは、ゼロ金利のこの時代に年六％〜七％程度の成績を極めて安定的に上げており、国家破産対策のみならず資産運用のベースラインとしても極めて魅力的です。その他にも多様な戦略を持つ魅力的なファンド情報を随時提供しております。

また、海外ファンド以外にも海外口座や現物資産の活用法など、財産防衛・

ファンド名	年利回り	年率リスク	最低投資額
BB	14.06%（2011年1月〜2017年12月）	10.19%	10万ドル
S-CBR	14.93%（2013年7月〜2017年12月）	6.24%	10万ドル
QE	12.27%（2014年2月〜2017年12月）	22.76%	10万ドル
豪AT	8.28%（2009年8月〜2017年12月）	0.39%	2.5万ドル
AT	7.52%（2009年8月〜2017年12月）	0.38%	2.5万ドル
NP	13.70%（2011年3月〜2017年12月）	10.89%	2.5万ドル

プラチナクラブ（金融資産五〇〇〇万円以上）

ロイヤル資産クラブ（金融資産一〇〇〇万円以上目安）

自分年金クラブ（金融資産一〇〇〇万円未満目安）

資産運用に有用な様々な情報を発信、会員様の資産に関するご相談にもお応えしております。浅井隆が長年研究・実践してきた国家破産対策のノウハウを、ぜひあなたの大切な資産防衛にお役立て下さい。

詳しいお問い合わせは「㈱日本インベストメント・リサーチ」

TEL：〇三（三二九一）七二九一　FAX：〇三（三二九一）七二九二

Eメール：info@nihoninvest.co.jp

「ダイヤモンド投資情報センター」

現物資産を持つことで資産保全を考える場合、小さくて軽いダイヤモンドは持ち運びも簡単で、大変有効な手段と言えます。近代画壇の巨匠・藤田嗣治は第二次世界大戦後、混乱する世界を渡り歩く際、資産として持っていたダイヤを絵の具のチューブに隠して持ち出し、渡航後の糧にしました。金《きん》だけの資産防衛では不安という方は、ダイヤを検討するのも一手でしょう。

しかし、ダイヤの場合、金《きん》とは違って公的な市場が存在せず、専門の鑑定士がダイヤの品質をそれぞれ一点ずつ評価して値段が決まるため、売り買いは金《きん》に比べるとかなり難しいという事情があります。そのため、信頼できる専門家や取扱店と巡り合えるかが、ダイヤモンドでの資産保全の成否の分かれ目です。

そこで、信頼できるルートを確保し業者間価格の数割引という価格での購入が可能で、ＧＩＡ（米国宝石学会）の鑑定書付きという海外に持ち運んでも適正価格での売却が可能な条件を備えたダイヤモンドの売買ができる情報を提供いたします。

また、来たる二〇一八年三月一七日に資産としてのダイヤモンドを効果的に売買する手法をお伝えする、専門家によるレクチャーを開催いたします。

ご関心がある方は「ダイヤモンド投資情報センター」にお問い合わせ下さい。

ＴＥＬ：〇三（三二九一）六一〇六　担当：大津・加納

「ニュージーランド　留学・移住情報センター」窓口

私は世界中を駆け巡り取材を敢行してきましたが、ニュージーランドほど安心・安全で自然豊かで、魅力を兼ね備えた国はないと断言できます。そして、私たち日本人こそが来たるべき国家破産への備えも見据えてニュージーランドを最大活用すべきと考えています。国家破産で日本国内の経済が大混乱になった際、海外に避難先を確保しておくのは極めて大きな安心となるでしょう。

そこでこのたび、ニュージーランドへの留学・ロングステイ・一時訪問・永住その他に関する日本での問い合わせ窓口を開設致しました。二〇年来の私のニュージーランドでの人脈を活かし、現地での信頼の置ける専門スタッフをご紹介致します。ご興味のある方は、ぜひお問い合わせ下さい。

TEL：〇三（三二九一）六一〇六　担当：加納

『浅井隆と行くニュージーランド視察ツアー』

南半球の小国でありながら独自の国家戦略を掲げる国、ニュージーランド。浅井隆が二〇年前から注目してきたこの国が今、「世界でもっとも安全な国」として世界中から脚光を浴びています。核や自然災害の驚異、資本主義の崩壊に備え、世界中の大富豪がニュージーランドに広大な土地を購入し、サバイバル施設を建設しています。さらに、財産の保全先（相続税、贈与税、キャピタルゲイン課税がありません、移住先としてもこれ以上の国はないかもしれません。

そのニュージーランドを浅井隆と共に訪問する、「浅井隆と行くニュージーランド視察ツアー」を二〇一八年一一月に開催致します（その後も毎年一一月の開催を予定しております）。現地では浅井の経済最新情報レクチャーもございます。内容の充実した素晴らしいツアーです。ぜひ、ご参加下さい。

TEL：〇三（三二九一）六一〇六　担当：大津

近未来の通貨を提案「ビットコイン（仮想通貨）クラブ」

動きが激しい分、上昇幅も大きく、特に二〇一七年は「仮想通貨元年」と日本で言われたこともあり、二〇一七年はじめから一二月まででビットコインの価格は約二〇倍にもなっています。また、ビットコインに次ぐ第二番目の時価総額を誇る「イーサリアム」は、二〇一七年はじめから同じく一二月までなんと約一〇〇倍にもなっています。このような破壊的な収益力を誇る仮想通貨を利用するための正しい最新情報を「ビットコイン（仮想通貨）クラブ」では発信します。

二〇一七年一一月スタートした「ビットコイン（仮想通貨）クラブ」では大きく五つの情報提供サービスをいたします。一つ目は仮想通貨の王道「ビットコイン」の買い方、売り方（ＰＣやスマホの使い方）の情報。二つ目は仮想通貨の仕様や取り巻く環境の変更についての情報（分岐や規制、税制など）。三つ目は詐欺の仮想通貨の情報、四つ目は仮想通貨取引所の活用時の注意点についての情報。最後五つ目は仮想通貨のその他付属情報や最新情報です。

「ビットコイン（仮想通貨）クラブ」では、仮想通貨の上昇、下落についての投資タイミングの助言は行ないません。しかし、これまで仮想通貨は拡大を続けると同時にその価値を高めていますので、二、三年の中、長期でお考えいただくと非常に面白い案件と言えるでしょう。「よくわからずに怖い」という方もＰＣやスマホの使い方から指導の上、約一〇〇〇円からはじめることができますので、まずは試してみてはいかがでしょうか。
東京・大阪にて、年二回ほどセミナーを行なっております。すでに二〇一八年一月に行ないましたので、次回は夏を予定しております。
詳しいお問い合わせ先は「ビットコイン（仮想通貨）クラブ」
TEL：〇三（三二九一）六一〇六　FAX：〇三（三二九一）六九〇〇

浅井隆のナマの声が聞ける講演会

著者・浅井隆の講演会を開催いたします。二〇一八年は福岡・四月二〇日（金）、名古屋・四月二七日（金）、大阪・五月一二日（土）、東京・五月一八日（金）、広島・五月二五日（金）、札幌・六月一日（金）、名古屋・一〇月一九日（金）、大阪・一〇月二六日（金）、東京・一一月二日（金）を予定しております。国家破産の全貌をお伝えすると共に、生き残るための具体的な対策を詳しく、わかりやすく解説いたします。

いずれも、活字では伝わることのない肉声による貴重な情報にご期待下さい。

第二海援隊ホームページ

また、第二海援隊では様々な情報をインターネット上でも提供しております。詳しくは「第二海援隊ホームページ」をご覧下さい。私ども第二海援隊グループは、皆様の大切な財産を経済変動や国家破産から守り殖やすためのあらゆる情報提供とお手伝いを全力で行ないます。

また、浅井隆によるコラム「天国と地獄」を一〇日に一回、更新中です。経済を中心に、長期的な視野に立って浅井隆の海外をはじめ現地生取材の様子をレポートするなど、独自の視点からオリジナリティあふれる内容をお届けします。ホームページアドレス：http://www.dainikaientai.co.jp/

改訂版!!「国家破産秘伝」「ファンド秘伝」

必読です

浅井隆が世界を股にかけて収集した、世界トップレベルの運用ノウハウ（特に「海外ファンド」に関する情報満載）を凝縮した小冊子を作りました。実務レベルで基礎の基礎から解説しておりますので、本気で国家破産から資産を守りたいとお考えの方は必読です。ご興味のある方は以下の二ついずれかの方法でお申し込み下さい。

①現金書留にて一〇〇〇円（送料税込）と、お名前・ご住所・電話番号および「別冊秘伝」希望と明記の上、弊社までお送り下さい。

②一〇〇〇円分の切手（券種は、一〇〇円・五〇〇円・一〇〇〇円に限ります）と、お名前・ご住所・電話番号および「別冊秘伝」希望と明記の上、弊社までお送り下さい。

郵送先　〒一〇一―〇〇六二　東京都千代田区神田駿河台二―五―一
住友不動産御茶ノ水ファーストビル八階　株式会社第二海援隊「別冊秘伝」係
TEL：〇三（三二九一）六一〇六　FAX：〇三（三二九一）六九〇〇

〈参考文献〉

【新聞・通信社】

『日本経済新聞』『朝日新聞』『ブルームバーグ』『ロイター』
『フィナンシャル・タイムズ』

【書籍】

『スノーボール ウォーレン・バフェット伝』〈上・下〉
（アリス・シュローダー・日本経済新聞出版社）
『株で富を築くバフェットの法則』（ロバート・G・ハグストローム・ダイヤモンド社）
『ウォーレン・バフェット 自分を信じるものが勝つ！』（ジャネット・ロウ・ダイヤモンド社）
『仮面のダンス』（ティヴァダル・ソロス・現代企画室）
『世界のエリートの働き方を一冊にまとめてみた』（ムーギー・キム・東洋経済新報社）

【拙著】

『株は2万2000円まで上昇し、その後大暴落する⁉』（第二海援隊）
『あと1年半は株で大儲けしなさい！』（第二海援隊）

【その他】

『経済トレンドレポート』『ロイヤル資産クラブレポート』
『参議院会議録情報　第193回国会　財政金融委員会3号』

【ホームページ】

フリー百科事典『ウィキペディア』
『ウォールストリート・ジャーナル電子版』『フォーブス』
『中央日報』『レコードチャイナ』『ＣＮＢＣ』『日経ビジネスオンライン』
『ZUU online』『Market Hack』『Yahoo! Finance』
『戦後昭和』『THINK MONEY』『ウォレン・バフェット　ウォッチャー』
『ＦＲＥＤ（セントルイス連邦準備銀行）』『Investing.com』

〈著者略歴〉
浅井　隆　（あさい　たかし）

経済ジャーナリスト。1954年東京都生まれ。学生時代から経済・社会問題に強い関心を持ち、早稲田大学政治経済学部在学中に環境問題研究会などを主宰。一方で学習塾の経営を手がけ学生ビジネスとして成功を収めるが、思うところあり、一転、海外放浪の旅に出る。帰国後、同校を中退し毎日新聞社に入社。写真記者として世界を股に掛ける過酷な勤務をこなす傍ら、経済の猛勉強に励みつつ独自の取材、執筆活動を展開する。現代日本の問題点、矛盾点に鋭いメスを入れる斬新な切り口は多数の月刊誌などで高い評価を受け、特に1990年東京株式市場暴落のナゾに迫る取材では一大センセーションを巻き起こす。その後、バブル崩壊後の超円高や平成不況の長期化、金融機関の破綻など数々の経済予測を的中させてベストセラーを多発し、1994年に独立。1996年、従来にないまったく新しい形態の21世紀型情報商社「第二海援隊」を設立し、以後約20年、その経営に携わる一方、精力的に執筆・講演活動を続ける。2005年7月、日本を改革・再生するための日本初の会社である「再生日本21」を立ち上げた。主な著書：『大不況サバイバル読本』『日本発、世界大恐慌！』（徳間書店）『95年の衝撃』（総合法令出版）『勝ち組の経済学』（小学館文庫）『次にくる波』（PHP研究所）『Human Destiny』（『9・11と金融危機はなぜ起きたか!?〈上〉〈下〉』英訳）『あと2年で国債暴落、1ドル＝250円に!!』『いよいよ政府があなたの財産を奪いにやってくる!?』『2017年の衝撃〈上〉〈下〉』『すさまじい時代〈上〉〈下〉』『世界恐慌前夜』『あなたの老後、もうありません！』『日銀が破綻する日』『ドルの最後の買い場だ！』『預金封鎖、財産税、そして10倍のインフレ!!〈上〉〈下〉』『トランプバブルの正しい儲け方、うまい逃げ方』『世界沈没——地球最後の日』『2018年10月までに株と不動産を全て売りなさい！』『世界中の大富豪はなぜＮＺに殺到するのか!?〈上〉〈下〉』『円が紙キレになる前に金を買え！』『元号が変わると恐慌と戦争がやってくる!?』『有事資産防衛 金か？ ダイヤか？』『浅井隆の大予言〈上〉』（第二海援隊）など多数。

第2のバフェットか、ソロスになろう!!

2018年3月6日　初刷発行

著　者　浅井　隆
発行者　浅井　隆
発行所　株式会社　第二海援隊
〒101-0062
東京都千代田区神田駿河台2-5-1　住友不動産御茶ノ水ファーストビル8F
電話番号　03-3291-1821　　FAX番号　03-3291-1820

印刷・製本／株式会社シナノ

ISBN978-4-86335-186-8

Printed in Japan

乱丁・落丁本はお取り替えいたします。

第二海援隊発足にあたって

日本は今、重大な転換期にさしかかっています。にもかかわらず、私たちはこの極東の島国の上で独りよがりのパラダイムにどっぷり浸かって、まだ太平の世を謳歌しています。しかし、世界はもう動き始めています。その意味で、現在の日本はあまりにも「幕末」に似ているのです。ただ、今の日本人には幕末の日本人と比べて、決定的に欠けているものがあります。それこそ、志と理念です。現在の日本は世界一の債権大国（＝金持ち国家）に登り詰めはしましたが、人間の志と資質という点では、貧弱な国家になりはててしまいました。それこそが、最大の危機といえるかもしれません。

そこで私は「二十一世紀の海援隊」の必要性を是非提唱したいのです。今日本に必要なのは、技術でも資本でもありません。志をもって大変革を遂げることのできる人物と、それを支える情報です。まさに、情報こそ〝力〟なのです。そこで私は本物の情報を発信するための「総合情報商社」および「出版社」こそ、今の日本にもっとも必要と気付き、自らそれを興そうと決心したのです。

しかし、私一人の力では微力です。是非皆様の力をお貸しいただき、二十一世紀の日本のために少しでも前進できますようご支援、ご協力をお願い申し上げる次第です。

浅井　隆